Arbeitstexte für den Unterricht

Vorurteile gegen Minderheiten

Die Anfänge des modernen Antisemitismus am Beispiel Deutschlands

Für die Sekundarstufe
herausgegeben von
Hans-Gert Oomen
und Hans-Dieter Schmid

Philipp Reclam jun. Stuttgart

Universal-Bibliothek Nr. 9543

Gesamtherstellung: Reclam, Ditzingen. Printed in Germany 1999

ISBN 3-15-009543-3

Inhalt

I. Vorwort

> Ich glaube, den Antisemitismus, der eine vielfach komplizierte Bewegung ist, zu verstehen. Ich betrachte diese Bewegung als Jude, aber ohne Haß und Furcht. Ich glaube zu erkennen, was im Antisemitismus roher Scherz, gemeiner Brotneid, angeerbtes Vorurteil, religiöse Unduldsamkeit – aber auch was darin vermeintliche Notwehr ist.
>
> *Theodor Herzl: Der Judenstaat. Wien 1896*

Mit dem Begriff »Antisemitismus« verbindet man häufig ausschließlich die Zeit des Nationalsozialismus und folgert konsequenterweise daraus, daß mit dem Ende des Nationalsozialismus auch der Antisemitismus verschwunden sei. Beides ist falsch.

Den Antisemitismus bzw. die Judenfeindschaft gibt es seit Jahrtausenden; schon das Alte Testament legt beredt davon Zeugnis ab. Die Motive wechselten im Laufe der Zeit – wir unterscheiden so beispielsweise zwischen religiösem, wirtschaftlichem, politischem und rassischem Antisemitismus –, das Verhalten gegenüber dem Judentum blieb weitgehend konstant, in Deutschland seit Beginn des 1. Kreuzzuges (1096 bis 1099). Einen Überblick über die Geschichte des Antisemitismus bis zum Ende des 19. Jahrhunderts gibt das Einleitungskapitel (II). Im historisch-politischen Unterricht aber geht es nicht so sehr um eine möglichst vollständige, systematische Darstellung der Geschichte des jüdischen Volkes und seiner Leiden, sondern mehr um die Bedingungen und Erscheinungsformen des modernen Antisemitismus, der nach neuesten Untersuchungen in der Bundesrepublik Deutschland noch bei ca. 15 bis 20 % der Bevölkerung stark ausgeprägt, bei weiteren 30 % zumindest latent vorhanden sein soll;[1] daß es sich dabei um ein tradiertes Vorurteil handelt,

1. Alphons Silbermann, Antisemitismus in der Bundesrepublik Deutschland. In: Bild der Wissenschaft 1976, Heft 6.

ergibt sich schon aus der geringen Zahl der in der Bundesrepublik lebenden Juden; es sind zur Zeit etwa 28 000. Nur wenige Bewohner der Bundesrepublik mit antisemitischer Einstellung dürften von daher die Möglichkeit einer persönlichen Begegnung mit jüdischen Mitbürgern gehabt haben.
Auf einer mehr oder weniger langen Tradition beruhen die auch heute noch – nicht nur im deutschen Sprachraum – geäußerten Ängste und Anschuldigungen, sei es nun die Furcht vor der drohenden Weltmacht des Judentums oder der unkontrollierbaren Macht im Banken- und Finanzwesen; eine Rolle spielen sogar noch die Ritualmordbeschuldigungen und natürlich auch der Rassengedanke.[2] Diese und weitere antisemitische Argumente wurden – von Ausnahmen abgesehen – erstmals gegen Ende des vorigen Jahrhunderts geäußert, in einer Zeit des totalen wirtschaftlichen und gesellschaftlichen Umschwungs.
Das vorliegende Heft beschränkt sich in Kapitel IV auf die Wiedergabe antisemitischer Texte aus der 2. Hälfte des 19. Jahrhunderts; in ihnen spiegeln sich die oben genannten unterschiedlichen Motive wider. Die Texte bringen zum Ausdruck, zu welch falschen und unhaltbaren Reaktionen es in Krisenzeiten kommen kann. Auch wenn es sich hier um eine an eine ganz bestimmte historische Situation gebundene Erscheinungsform des Antisemitismus am Ende des 19. Jahrhunderts handelt, gerät jeder Lehrer bei der Behandlung dieses Themas in ein »Klima politischer Aktualität – ob er will oder nicht –, und jedes Wort dient nicht nur zur Gewinnung von Erkenntnis, sondern wirkt zugleich auf die Haltung«[3].

2. Beispiele finden sich bei Rudolf Pfisterer: Alter Feind in neuem Kleid. Erwägungen über den Antisemitismus. In: Axel Silenius (Hrsg.), Antisemitismus – Antizionismus. Schriften der Bundeszentrale für politische Bildung. Bonn 1973. – Zum Rassengedanken s. Reinhard Kühnl, Rainer Rilling u. Christine Sager: Die NPD. Struktur, Ideologie und Funktion einer neofaschistischen Partei. Frankfurt a. M. ²1969. (edition suhrkamp 318.)

3. J. Menke: Der Antisemitismus. Die Behandlung seiner Erscheinungsformen und seiner Entstehung im Geschichtsunterricht der Oberstufe. In: Germania Judaica. NF Nr. 1 u. 2 (1962).

In welchem Ausmaß die Vermittlung historischen Geschehens und die Kenntnis möglicher sozialpsychologischer Erklärungsversuche, wie sie in Kapitel V wiedergegeben sind, Einfluß auf die politische Erziehung haben, ist schwer zu beurteilen. Theodor Mommsen äußerte sich dazu äußerst skeptisch: »Sie täuschen sich, wenn Sie glauben, daß man da überhaupt mit Vernunft etwas machen kann. Ich habe das früher auch gemeint und immer und immer wieder gegen die ungeheure Schmach protestiert, welche Antisemitismus heißt. Aber es nützt nichts. Es ist alles umsonst. Was ich Ihnen sagen könnte, was man überhaupt in dieser Sache sagen kann, das sind doch immer nur Gründe, logische und sittliche Argumente. Darauf hört doch kein Antisemit. Die hören nur auf den eigenen Haß und den eigenen Neid, auf die schändlichsten Instinkte. Alles andere ist ihnen gleich. Gegen Vernunft, Recht und Sitte sind sie taub. Man kann nicht auf sie wirken. [...] Gegen den Pöbel gibt es keinen Schutz – ob es nun der Pöbel auf der Straße oder der Pöbel im Salon ist, das macht keinen Unterschied: Canaille bleibt Canaille, und der Antisemitismus ist die Gesinnung der Canaille. [...] Aber alle Gründe und die besten Argumente helfen da nichts. Wer Gründen und Argumenten zugänglich ist, der kann ja überhaupt gar kein Antisemit sein. Wer aber nur seinem wilden Haß gegen Bildung, Freiheit und Menschlichkeit folgt, den werden Beweise nicht belehren.«[4]
Diese von Erbitterung und dem Gefühl der Ohnmacht gegenüber der antisemitischen Bewegung seiner Zeit diktierten Worte Mommsens könnten zur Resignation verleiten. Richtig ist, daß eine intellektuelle »Pflichtübung« noch keine Verhaltensänderung bewirkt, sicher aber ist auch, daß Information und solides Wissen notwendigerweise Voraussetzung sind für eine sachliche und nüchterne Beurteilung und Einordnung antisemitischer Bewegungen; sie bewahren den einzelnen davor, auf tradierte landläufige Phrasen und Pa-

4. Hermann Bahr: Der Antisemitismus – Ein internationales Interview. Berlin 1894.

rolen hereinzufallen, und helfen ihm dabei, kritische Distanz zu wahren gegenüber festgefügten Vorurteilen.
»Wenn es dem Sorgfältigen, dem Verständigen, dem Hochgebildeten mißlingt«, warnt G. Barraclough, »eine Lehre aus der Geschichte zu ziehen, wird es der Gewissenlose und Unberufene für ihn tun.«[5]

5. Geoffrey Barraclough: Geschichte in einer sich wandelnden Welt Göttingen 1959.

II. Einleitung
Zur Vorgeschichte des modernen Antisemitismus

Veranlaßt durch die nationalsozialistische Judenpolitik ist der Antisemitismus, vor allem in den USA, zu einem bevorzugten Gegenstand wissenschaftlicher Forschung geworden. Sozialpsychologische und psychoanalytische Theorien haben das Phänomen des Antisemitismus – und der sozialen Vorurteile allgemein – zu erhellen gesucht. Die Frage, warum gerade die Juden immer wieder die Opfer sozialer Vorurteile geworden sind, haben diese Theorien jedoch kaum befriedigend beantwortet. Dies ist wohl nur möglich, wenn man den Antisemitismus als festen Bestandteil unserer kulturellen Tradition betrachtet.
Tatsächlich kann der Antisemitismus auf eine lange Geschichte zurückblicken: Er scheint so alt zu sein wie die jüdische Diaspora selbst. Eines der ältesten Zeugnisse findet sich im Buch Esther, wo über ein geplantes Judenpogrom im Perserreich zur Zeit des Xerxes (485–465 v. Chr.) berichtet wird.[1] Die Motive, die hier angeführt oder angedeutet werden, sind jene, die auch in den folgenden Jahrhunderten für die nichtchristliche Judenfeindschaft ausschlaggebend geblieben sind. Der jüdische Monotheismus, der sich in der Ablehnung fremder Staatskulte manifestierte, erregte Ärgernis, das durch die oftmals privilegierte Stellung der jüdischen Minderheit und ihre dadurch bedingte Absonderung von der sie umgebenden Bevölkerung noch verstärkt wurde. Diese Sonderstellung als Minderheit hing eng mit ihrer spezifischen wirtschaftlichen Funktion als Händlervolk in vorwiegend agrarischen Gesellschaften zusammen. Da die Juden als Händler zugleich vor allem über bewegliche Reichtümer verfügten, wurden sie zu einem bevorzugten Ziel von Begehrlichkeit und bequemer Ausplünderung.[2]

1. Esther 3,8 ff.; ferner: Daniel 3,8 ff.; 6,3 ff.
2. Vgl. Karl Thieme (Hrsg.): Judenfeindschaft. Darstellung und Ana-

Das Christentum, ursprünglich in der Situation einer gleicherweise allenfalls nur geduldeten Konkurrenzreligion, fügte diesem Katalog im Laufe seiner Entwicklung lediglich einige religiös-doktrinäre Elemente hinzu, die sich aus der besonderen Bedeutung des jüdischen Volkes für die christliche Religion ergaben. Für die Christen waren die Juden nicht – wie für Griechen und Römer – ein fremdes Volk unter vielen, sondern jenes auserwählte Volk, dem der Messias gesandt worden war und von dessen endlicher Bekehrung die Vollendung des göttlichen Heilsplans abhing. Daß die Juden Jesus von Nazareth als Messias abgelehnt, ja ihn sogar verhöhnt hatten, wurde ihnen als böswillige Verstocktheit ausgelegt, die desto unverständlicher erschien, je länger sie andauerte, da die jüdische Geschichte seit der Zerstörung des Tempels den Christen die Richtigkeit ihrer Überzeugung zu beweisen schien. Schon für Augustin waren die in der Zerstreuung lebenden Juden »testes iniquitatis suae et veritatis nostrae«.[3] Da die Kirche zudem in den ersten Jahrhunderten noch gegen jüdische Proselytenwerbung (Bekehrung vom Heiden zum Juden) zu kämpfen hatte, finden sich bereits bei einzelnen Kirchenvätern – so vor allem bei Johannes Chrysostomos gehässige Schmähungen der Juden, darunter auch schon der folgenreiche Vorwurf des »Gottesmordes«.

Kein Wunder also, daß es schon in dieser Zeit zu einzelnen antijüdischen Ausschreitungen kam. Insgesamt aber »ist festzuhalten, daß bis ins Hochmittelalter hinein zwischen den Juden und der übrigen Bevölkerung noch keineswegs auf der ganzen Linie Feindschaft bestand«[4]. Die Juden West- und Mitteleuropas lebten als »Kolonisatoren des Fortschritts«[5] überwiegend in günstigen wirtschaftlichen Ver-

lysen. Frankfurt a. M. 1963. S. 9 f. u. 80 f. – Abraham Léon: Judenfrage und Kapitalismus. München 1971. S. 16 ff.

3. Walter Sulzbach: Die zwei Wurzeln und Formen des Judenhasses. Stuttgart 1959. S. 26 f. Lat. Zitat: »Zeugen ihres Unrechts und unserer Wahrheit«.

4. Karl Thieme, a. a. O., S. 14.

5. Max Horkheimer u. Theodor W. Adorno: Dialektik der Aufklärung.

hältnissen, rechtlich kaum beschränkt, gesichert durch den Schutz der Mächtigen. Dies änderte sich erst zur Zeit des ersten Kreuzzuges, als die Kreuzfahrer auf ihrem Weg ins Heilige Land die jüdischen Gemeinden in Lothringen und am Rhein überfielen und ausrotteten. Ein jüdischer Chronist berichtet darüber:[6]

»Als sie in die Städte kamen, in denen Juden wohnten, sprachen sie untereinander: Sehet wir ziehen den weiten Weg, um die Grabstätte aufzusuchen und uns an den Ismaeliten (Bekenner des Islam) zu rächen, und siehe, hier wohnen unter uns die Juden, deren Väter ihn unverschuldet umgebracht und gekreuzigt haben! So lasset uns zuerst an ihnen Rache nehmen und sie austilgen unter den Völkern, daß der Name Israel nicht mehr erwähnt werde (Psalm 83,5); oder sie sollen unseresgleichen werden und zu unserem Glauben sich bekennen.«

Wird schon hier deutlich, daß die Juden den gegen sie gerichteten Aggressionen eigentlich nur als Ersatzobjekt dienten, so zeigte die nun folgende Zeit der Verfolgung, zu der die Massaker des ersten Kreuzzuges den Auftakt und die Pogrome während der europäischen Pestepidemie 1348/49 den Höhepunkt, aber noch nicht das Ende bildeten, immer klarer die allgemeine Sündenbockfunktion der Juden. Neben dem Vorwurf des »Gottesmordes« waren die Anschuldigungen des Ritualmordes, der Hostienschändung und Brunnenvergiftung die populären Rationalisierungen, die den Verfolgungen zugrunde lagen; Beschuldigungen, die teilweise ein zähes Eigenleben bis in unser Jahrhundert bewahrten.[7]

Frankfurt a. M. 1973. S. 157. Vgl. auch Raphael Straus: Die Juden in Wirtschaft und Gesellschaft. Frankfurt a. M. 1964. S. 22 ff.

6. Bericht des Salomo bar Simeon, geschrieben um 1140 in Mainz. Zitiert nach Wanda Kampmann: Deutsche und Juden. Studien zur Geschichte des deutschen Judentums. Heidelberg 1963. S. 16.

7. Der letzte Ritualmordprozeß in Deutschland fand im Jahr 1900 in Konitz, Westpreußen, statt. Vgl. Hans Günter Adler: Die Juden in Deutschland. München [2]1961. S. 123. – Die Broschüre »Der Blutmord in Konitz«, 1901, erlebte innerhalb eines Jahres 12 Auflagen. – Zu

Als Ergebnis dieser Verfolgungswelle wurden die Juden bis zum 16. Jahrhundert nach und nach aus allen Ländern Westeuropas und vielen Gebieten Mitteleuropas verwiesen. Es begann ihr Exodus (Auszug) in die rückständigen Länder Osteuropas.

Man hat die Gründe für diese Verfolgungswelle in dem Verlust der wirtschaftlichen Funktion der Juden und des auf wirtschaftlichen Interessen beruhenden Schutzes der Könige, Bischöfe und Fürsten gesucht.[8] Danach machte seit dem 11. Jahrhundert der Aufstieg der Städte, die Entwicklung eigener Industrien, die Ablösung der Natural- durch die Geldwirtschaft und die Entstehung eines konkurrierenden einheimischen Handelsbürgertums in Westeuropa die kommerzielle Funktion der Juden zunehmend überflüssig. Die Kreuzzugsbewegung war demnach unter anderem auch Ausdruck des Willens dieses aufstrebenden Bürgertums, selbst im Orient Fuß zu fassen und damit die Juden als Vermittler des Handels zwischen Orient und Okzident zu ersetzen.

Die Juden wurden dadurch zunehmend auf das Zinsgeschäft abgedrängt, zumal die Verschärfung des Zinsverbots für Christen zu Beginn des 13. Jahrhunderts die Rolle der Klöster als Kreditgeber beendete. Durch das Zinsgeschäft aber, den »jüdischen Wucher«, zogen sie sich die Feindschaft aller Schichten der Bevölkerung zu. Gleichzeitig wurden sie für die Könige und Fürsten, ihre traditionellen Beschützer, durch die Herausbildung eines finanzkräftigen einheimischen Bürgertums als Geldgeber immer entbehrlicher: Im 16. Jahrhundert war diese Funktion im Reich bereits auf die großen Handelshäuser, wie die Fugger und Welser, übergegangen. Die Gesellschaft bedurfte der Juden nicht mehr. Sie wurden verfolgt und verwiesen.

den Beschuldigungen des Ritualmordes s. Stefan Lehr: Antisemitismus – religiöse Motive im sozialen Vorurteil. Aus der Frühgeschichte des Antisemitismus in Deutschland 1870–1914. Phil. Diss. München 1974.

8. Vgl. dazu Abraham Léon, a. a. O., S. 10 f. u. 32 ff. und Raphael Straus, a. a. O., S. 62 ff.

Nur vereinzelt, so vor allem im politisch zersplitterten Westen und Süden des Reichs, gelang es kleineren jüdischen Gemeinschaften, sich in wirtschaftlich gedrückter Position zu halten. Aus den Finanziers der Könige und des Adels waren kleine Wucherer und Händler, Pfandleiher und Trödler geworden, die durch die Absonderung in Ghettos sozial und kulturell isoliert waren und deren gesellschaftliche Pariastellung durch den Kennzeichenzwang von Kleiderordnungen der Umwelt manifest gemacht wurde.
Die soziale Deklassierung der Juden machte jedoch dem Antisemitismus kein Ende, ebensowenig wie die Reformation seine religiöse Sanktionierung überwinden konnte.
Obwohl Luther den Juden anfangs durchaus wohlgesonnen war und auf ihre Bekehrung hoffte, wandelte sich seine Haltung schon bald durch ihre »Verstocktheit«. Entsprechend seiner allgemeinen Wendung zur Intoleranz hat er in späteren Jahren auch die Juden heftig bekämpft. In einer seiner letzten Schriften – *Von den Juden und ihren Lügen* (1543) – gab er folgenden »treuen Rat«, wie mit dem »verworfenen, verdammten Volk der Juden« umzugehen sei:[9]
»Erstlich, daß man ihre Synagoge oder Schule mit Feuer anstecke [...].
Zum andern, daß man auch ihre Häuser desgleichen zerbreche und zerstöre, denn sie treiben eben dasselbige darin, das sie in ihren Schulen treiben. Dafür mag man sie etwa unter ein Dach oder Stall tun, wie die Zigeuner, auf daß sie wissen, sie seien nicht Herrn in unserm Lande [...].
Zum dritten, daß man ihnen nehme alle ihre Betbüchlein und Talmudisten, darin solche Abgötterei, Lügen, Fluch und Lästerung gelehret wird.
Zum vierten, daß man ihren Rabbinern bei Leib und Leben verbiete, hinfort zu lehren. [...]
Zum fünften, daß man den Juden das Geleit und Straße ganz und gar aufhebe. [...]
Zum sechsten, daß man ihnen den Wucher verbiete und

9. Martin Luther: Werke (Weimarer Ausgabe), Bd. 53, S. 523–526. Vgl. auch Wanda Kampmann, a. a. O., S. 41–48.

nehme ihnen alle Barschaft und Kleinode an Silber und Gold [. . .]. Alles, was sie haben [. . .], haben sie uns gestohlen und geraubt durch ihren Wucher [. . .].
Zum siebten, daß man den jungen, starken Juden und Jüdinnen in die Hand gebe Flegel, Axt, Karst, Spaten, Rokken, Spindel und lasse sie ihr Brot verdienen im Schweiße der Nasen [. . .].
Denn es taugt nicht, daß sie uns verfluchte Gojim wollen lassen im Schweiß unseres Angesichts arbeiten, und sie, die heiligen Leute, wolltens hinter dem Ofen mit faulen Tagen, Feisten und Pompen verzehren und darauf lästerlich rühmen, daß sie der Christen Herrn wären von unserem Schweiß, sondern man müßte ihnen das faule Schelmenbein aus dem Rücken treiben.«
Zwar ist in den ersten vier Punkten dieses Katalogs die religiöse Zielrichtung noch deutlich, insgesamt ergibt er jedoch ein Programm, dem die Nationalsozialisten außer dem planmäßigen Genozid (Völkermord) kaum noch etwas hinzuzufügen hatten. Von den Brandstiftungen der »Reichskristallnacht« über das Verbot aller Wirtschaftstätigkeit und die Enteignung bis zur Verbringung in Zwangsarbeitslager enthält es – wörtlich genommen – alles, was den Juden 500 Jahre später in Deutschland widerfahren ist.
Dabei erscheint hier bereits ein antisemitisches Stereotyp, das bis in unser Jahrhundert eine zentrale Rolle spielen sollte: die Verurteilung der Juden als »unproduktives« Volk, die als Parasiten von der Arbeit der Christen leben und sich damit indirekt zu deren Herren aufwerfen. Es ist daher nicht verwunderlich, daß gerade diese Schrift Luthers in den Pamphleten deutscher Antisemiten des 19. und 20. Jahrhunderts häufig zitiert wird.
Tatsächlich waren die Juden durch soziale und gesetzliche Schranken vom Landbesitz und – da sie von den Zünften und Gilden der Handwerker und Kaufleute nicht aufgenommen wurden – auch von allen »ehrbaren« Berufen zunehmend ausgeschlossen worden, so daß für sie nur das Geldgeschäft und der kleine Trödel- und Hausierhandel

übrigblieb. In derart beengten Verhältnissen lebte das Gros der Juden bis zum Ende des 18. Jahrhunderts. Nur einer kleinen Schicht gelang es, über die Belieferung der Heere während des Dreißigjährigen Kriegs zu unentbehrlichen Finanzagenten der fürstlichen Höfe aufzusteigen. Diese jüdischen »Hoffaktoren«, deren bekanntester der württembergische Hoffaktor Joseph Oppenheimer (»Jud Süß«) war, wurden bald zu einer allgemeinen Einrichtung des absolutistischen Staates, dessen steigenden Finanzbedarf zu dekken ihre Aufgabe war. Daß sie sich dadurch den Haß all derer zuzogen, die unter dem fürstlichen Absolutismus zu leiden hatten, liegt auf der Hand.[10] Darüber hinaus finden sich im Hofjudentum, das teilweise miteinander versippt war, die Wurzeln für das antisemitische Stereotyp von der jüdischen Weltverschwörung der »Goldenen Internationale«. Die Juden erfüllten damit in geradezu idealer Weise jene ambivalenten Bedingungen, die eine Gruppe zum Opfer sozialer Vorurteile prädestiniert: Sie waren eine schwache und machtlose Minorität, die man ohne Furcht vor Sanktionen angreifen konnte, und sie konnten doch zugleich auch als allmächtig, unheimlich und drohend empfunden werden.[11]

Erst durch die Aufklärung änderte sich die Lage der Juden grundsätzlich. Die naturrechtlichen Lehren trugen dazu bei, die Ghettomauern von außen abzutragen. Für die Juden selbst bedeutete Aufklärung – wie für den jüdischen Philosophen Moses Mendelssohn – vor allem Verbesserung der Bildung und Erziehung und damit kulturelle und soziale Angleichung an die Umwelt.[12] So kam es noch vor der

10. Vgl. Wanda Kampmann, a. a. O., S. 63 ff. Eine umfassende Untersuchung der Institution des Hoffaktorentums bei Heinrich Schnee: Die Hoffinanz und der moderne Staat. 6 Bde. Berlin 1953–67.

11. Peter Heintz: Soziale Vorurteile. Köln 1957. S. 106. – Béla Grunberger: Der Antisemit und der Ödipuskomplex. In: Psyche 16 (1962/63) S. 270. – Theodor W. Adorno: Studien zum autoritären Charakter. Frankfurt a. M. 1973. S. 115 f.

12. Vgl. Ernst Ludwig Ehrlich: Judenfeindschaft in Deutschland. In: Karl Thieme, a. a. O., S. 215 f.

Emanzipation gegen Ende des 18. Jahrhunderts zu einer starken Assimilationsbewegung unter den Juden in Deutschland.

Die Emanzipation, die von der Französischen Revolution ihren Ausgang nahm, im Verlauf der Napoleonischen Kriege auch Deutschland erreichte und hier mit dem preußischen Emanzipationsedikt von 1812 einen ersten Höhepunkt erlebte, aber nach vielfachen Rückschlägen erst 1869 bzw. 1871 vollendet wurde, verstärkte diese Tendenz. »Wir sind entweder Deutsche, oder wir sind heimatlos«, schrieb schon 1831 einer der Vorkämpfer der Emanzipation, Gabriel Rießer, der spätere Vizepräsident der Frankfurter Nationalversammlung.[13] Die Juden waren auf dem besten Weg, sich als soziale Gruppe aufzulösen.

Die Hoffnung aber, daß sich mit Emanzipation und Assimilation der Antisemitismus von selbst erledigen würde, erwies sich bald als trügerisch:

»Die Emanzipation löste die Judenfrage nicht, sondern verlegte ihr Spannungszentrum von der rechtlichen auf die gesellschaftliche Ebene.«[14]

Gerade die Schnelligkeit der Assimilationsbewegung und ihr Zusammenfallen mit der Auflösung der ständischen Gesellschaftsordnung und der Entstehung der kapitalistischen Konkurrenzwirtschaft hat zu neuen Spannungen geführt, da das Erscheinen jüdischer Konkurrenten in vielen bisher den Juden verschlossenen Berufen als Erschwerung des Konkurrenzkampfes empfunden wurde.[15] Verstärkt wurden diese Spannungen durch den Prozeß der Industrialisierung, dessen Opfer – vor allem der alte Mittelstand, die kleinen Selbständigen in Handel, Gewerbe und Landwirtschaft – einen Schuldigen für ihren sozialen Abstieg suchten. Da ihnen die Einsicht in die ökonomischen Ursachen ihrer Lage weitgehend fehlte, richteten sie ihre Aggressionen gegen

13. zitiert nach Hans Günter Adler, a. a. O., S. 71.
14. Eva Gabriele Reichmann: Die Flucht in den Haß. Die Ursachen der deutschen Judenkatastrophe. Frankfurt a. M. o. J. S. 17.
15. ebd., S. 21 f. u. 73 ff.

jene, die ihnen als Repräsentanten der neuen Gesellschaft und des Geldes begegneten, und weil die Juden nach wie vor in der Zirkulationssphäre besonders stark vertreten waren, wurde der jüdische Kaufmann und Händler zum Sündenbock für das ganze System.[16]

In Zeiten wirtschaftlicher Krisen und Depressionen konnte so der Antisemitismus in vorher nicht gekannter Weise Anhänger gewinnen. Gerade in Deutschland ist dieser Zusammenhang besonders deutlich: Hier hat, in der durch Wachstumskrisen gekennzeichneten ersten Phase der Hochindustrialisierung von 1873 bis 1895, der moderne Antisemitismus seinen eigentlichen Ursprung.[17] Natürlich gab es auch in den übrigen Staaten in diesem Zeitraum antisemitische Bewegungen, nirgendwo erreichten sie jedoch diese einzigartige Vehemenz wie in Deutschland. In den durch den Gründerkrach von 1873 eingeleiteten Jahren der »großen Depression« wurde der Antisemitismus zu einem Hauptventil zur Äußerung sozialer und politischer Unzufriedenheit. Einen frühen Höhepunkt erlebte diese Bewegung im Jahre 1879, als der Berliner Hofprediger Adolf Stoecker seine erste antisemitische Rede hielt und damit die »Berliner Bewegung« des konservativen, »christlich-sozialen« Antisemitismus ins Leben rief, als der Historiker Heinrich von

16. Max Horkheimer u. Theodor W. Adorno: Dialektik der Aufklärung. S. 156: »Darum schreit man: haltet den Dieb! und zeigt auf den Juden. Er ist in der Tat der Sündenbock, nicht bloß für einzelne Manöver und Machinationen, sondern in dem umfassenden Sinn, daß ihm das ökonomische Unrecht der ganzen Klasse aufgebürdet wird [. . .]. Der Kaufmann [. . .] ist der Gerichtsvollzieher fürs ganze System und nimmt das Odium für die anderen auf sich. Die Verantwortlichkeit der Zirkulationssphäre für die Ausbeutung ist gesellschaftlich notwendiger Schein.«

17. Vgl. Hans-Ulrich Wehler: Das Deutsche Kaiserreich 1871–1918. Göttingen 1973. (Deutsche Geschichte 9.) S. 41 ff. Zum Zusammenhang zwischen wirtschaftlicher Konjunktur und Antisemitismus vgl. Paul W. Massing: Vorgeschichte des politischen Antisemitismus. Frankfurt a. M. 1959. (Frankfurter Beiträge zur Soziologie 8.) S. 274 f. und Wanda Kampmann, a. a. O., S. 229 ff., sowie bes. Hans Rosenberg: Große Depression und Bismarckzeit. Berlin 1967. S. 95 f.

Treitschke mit einem judenfeindlichen Aufsatz in den *Preußischen Jahrbüchern* den »Berliner Antisemitismusstreit« entfachte, der nicht wenig zur Verbreitung des Antisemitismus in akademischen Kreisen beitrug, und als schließlich die erste erfolgreiche Schrift des radikalen rassischen Antisemitismus – Wilhelm Marrs *Der Sieg des Judentums über das Germanentum* – erschien, die offenbar im gleichen Jahr noch zwölf Auflagen erlebte. Von Marr selbst, einem ehemaligen Frühsozialisten und erfolglosen Journalisten, oder in seinem Umkreis ist gegen Ende des Jahres 1879 auch der Begriff »Antisemitismus« geprägt worden.[18]

Im deutschen Antisemitismus des Kaiserreichs sind bereits alle Elemente des modernen Antisemitismus entwickelt worden, auf die man später nur zurückzugreifen brauchte. Es sind vor allem zwei neue Merkmale, die ihn kennzeichnen: Er ist politischer Antisemitismus, und er ist Teil einer Rassenideologie. Beiden Richtungen aber ist gemeinsam, daß sie »sich in ihrem Selbstverständnis nicht gegen unterprivilegierte Marginalgruppen der Gesellschaft, sondern gegen ein einflußreiches, mächtiges ›Judentum‹ im Zentrum dieser Gesellschaft ›richteten‹. Sie [die antisemitische Bewegung] definiert sich in all ihren Schattierungen als Abwehrbewegung gegen eine sogenannte ›Judenherrschaft‹«[19], ein Moment, das in den folgenden historischen Texten immer wieder zur Sprache kommt.

18. Zur Begriffsgeschichte vgl. Reinhard Rürup u. Thomas Nipperdey: Antisemitismus – Entstehung, Funktion und Geschichte eines Begriffs. In: Reinhard Rürup, Emanzipation und Antisemitismus. Göttingen 1975. (Kritische Studien zur Geschichtswissenschaft 15.) S. 95–114; hier bes. S. 102.

19. Reinhard Rürup: Emanzipation und Krise – Zur Geschichte der »Judenfrage« in Deutschland vor 1890. In: Werner E. Mosse (Hrsg.), Juden im Wilhelminischen Deutschland 1890–1914. Tübingen 1976.

III. Die Verfasser der antisemitischen Texte

Die vorliegenden antisemitischen Texte stammen aus dem Zeitraum von 1879 bis 1896. Mit den Jahren 1879/80, dem Tiefpunkt der wirtschaftlichen Depression, beginnt eine ungezügelte antisemitische Agitation, die erst nach Beendigung dieser Krise in den 90er Jahren allmählich wieder abklingt. »Zunahme und Verschärfung des Antisemitismus, die sich in Deutschland und Österreich seit 1873 beobachten läßt, entspricht genau dem Sturz der Aktienkurse nach dem Ausbruch des Börsenskandals.«[1] Die zahllosen großen und kleinen Demagogen nutzten diese Zeit, indem sie Ängste und Nöte der Bevölkerung artikulierten und mit latent schon immer vorhandenen antisemitischen Tendenzen verbanden. Allerdings machten intellektuelle Dürftigkeit der antisemitischen Broschüren und Reden sowie das Fehlen überzeugender politischer Alternativprogramme einen Erfolg dieser Agitation zunächst wenig wahrscheinlich. Niemand trat daher dieser Art der Volksverhetzung entschlossen entgegen, so daß ungehindert »eine antisemitische Agitationswelle nach der anderen über das Land« hinwegrollen konnte.[2]

Am eigentlichen Beginn stand eine Artikelserie in der *Gartenlaube* (Auflage: 382 000) 1874/75 über den »Börsen- und Gründungsschwindel in Berlin«, die ungeheures Aufsehen erregte und in erweiterter Form 1876 (»Der Börsen- und Gründungsschwindel in Berlin«) und 1877 (»Der Börsen- und Gründungsschwindel in Deutschland«) in zwei Bänden erschien.

[*Text 1*] Verfasser war *Otto Glagau* (1839–92), ein begabter politischer Journalist, der den Angaben seiner Gegner

1. Wanda Kampmann: Deutsche und Juden. Studien zur Geschichte des deutschen Judentums. Heidelberg 1963. S. 230.

2. Werner Jochmann: Struktur und Funktion des Deutschen Antisemitismus. In: Werner E. Mosse (Hrsg.), Juden im Wilhelminischen Deutschland 1890–1914. Tübingen 1976. S. 411.

zufolge sein gesamtes Vermögen während der Gründerzeit mit Spekulationen verloren haben soll. Mit seinen Publikationen machte er sich zum Sprachrohr des alten Mittelstandes, nämlich der Handwerker, kleineren Unternehmer, Gewerbetreibenden und Bauern, also vor allem jener Gruppen, die unter dem wirtschaftlichen Liberalismus zu leiden hatten. Liberalismus, Manchestertum, Börse – all dies wurde von ihm gleichgesetzt mit dem Judentum, so daß er in aller Ruhe behaupten konnte: »Die soziale Frage ist wesentlich Judenfrage«, eine Feststellung, die er auch in seinem Buch *Deutsches Handwerk und historisches Bürgertum* wiederholte.

[*Text* 2] Neue Akzente im Kampf gegen das Judentum setzte *Friedrich Wilhelm Adolf Marr* (1819–1904) mit seiner Schrift *Der Sieg des Judentums über das Germanentum – vom nichtkonfessionellen Standpunkt aus betrachtet*, die erstmals im Frühjahr 1879 erschien und im gleichen Jahr noch 12 Auflagen erlebte.

Marrs Herkunft ist nicht eindeutig geklärt. Sein Vater war wahrscheinlich der damals berühmte jüdische Schauspieler Heinrich Marr, der seinen Sohn aber taufen und christlich erziehen ließ. Nach Absolvierung seiner Kaufmannslehre ging Marr 1839 nach Wien, verkehrte dort vor allem in den Kreisen junger, radikaler Schauspieler, kam durch sie mit der Philosophie Ludwig Feuerbachs in Berührung und wurde dadurch recht bald zum Atheisten. – Von Wien aus im Jahre 1841 nach Zürich kommend, knüpfte er hier bald Kontakte zu Wilhelm Weitling, distanzierte sich jedoch einige Zeit später auf das entschiedenste von Weitlings »religiösem Kommunismus«. Über Leipzig kehrte er 1848 in seine Vaterstadt Hamburg zurück, wo er mit Unterbrechungen – 1853 bis 1859 war er fast ausschließlich in Costa Rica – als Literat und Journalist sein Leben verbrachte; von den vier Frauen, mit denen er verheiratet war, waren zwei jüdischer Abstammung.

Der große Erfolg seiner Antisemitismus-Broschüre bewog ihn, noch im gleichen Jahr die Antisemiten-Liga zu grün-

den, die erste Organisation dieses Namens, mit dem Ziel »unser deutsches Vaterland vor der vollständigen Verjudung zu retten und den Nachkommen der Urbewohner den Aufenthalt in demselben erträglich zu machen«[3].
Erfolg war dieser politischen Organisation nicht beschieden; Marr, der innerhalb der antisemitischen Gruppierungen zu keiner Zeit eine besondere Position einzunehmen vermochte, zog sich daher bald weitgehend zurück mit der Begründung: »Ich bin ein alter Parteigänger (der deutsch-sozialen Partei), aber nie habe ich mehr Erzschelmenbande gefunden als unter den heutigen Geschäfts-Antisemiten, das aber dürfen sie privatim erklären, daß ich nach 30jährigem Judenkrieg mich mit Ekel bis zum Erbrechen abwende von dem ganzen heutigen Geschäftsschwindel-Antisemitismus.«[4]
Am 17. Juli 1904 starb Wilhelm Marr einsam und verbittert in Hamburg. Die *Neue Zürcher Zeitung* vermeldet dazu in einem von der *Frankfurter Zeitung* übernommenen Nekrolog: »Nun hat der ehrgeizige Sohn des berühmten Schauspielers in seiner Vaterstadt Hamburg, wo er seit langen Jahren in den bescheidensten Verhältnissen ein verbittertes Dasein führte, sein schicksalreiches Abenteuerleben in unzugänglichem Menschenhasse beendigt.«[5]
Wenn Marr, in dessen Umkreis der Begriff »Antisemitismus« geprägt worden sein dürfte, in der antisemitischen Bewegung auch selber keine hervorragende Rolle spielte, so darf seine Bedeutung doch nicht unterschätzt werden. Marr gilt zu Recht als Vorläufer des Rassenantisemitismus; er ist einer der ersten, die unter dem Deckmantel angeblicher Objektivität – das religiöse Vorurteil wird von ihm als »blödsinnig« abgetan – den Antisemitismus als einen »Kampf ums Dasein« zwischen dem Judentum und dem Germanen-

3. Vgl. Peter G. J. Pulzer: Die Entstehung des politischen Antisemitismus in Deutschland und Österreich 1867–1914. Gütersloh 1966. S. 50.
4. Hermann Lucko: Ein Jahr im Centrum der deutsch-sozialen Partei. Leipzig 1892. S. 21.
5. Otto Brugger: Geschichte der deutschen Handwerkervereine in der Schweiz 1863–1893. Die Wirksamkeit Weitlings (1841–43). Bern u. Leipzig 1932. S. 204.

tum bezeichnen. Daß es Marr um den Rassengedanken geht, zeigt sich schon in dem Untertitel des genannten Werkes »vom nichtkonfessionellen Standpunkt aus betrachtet«, wird doch der Jude hiermit nicht dem Christen, sondern dem Germanen gegenübergestellt. Charakteristisch für diese Broschüre ist der pessimistische Grundton. Die Juden – so Marr – sind gar nicht die kleine und schwache Minderheit, sondern »die erste Großmacht des Abendlandes«, die »uns den Fuß auf den Nacken gesetzt hat« und alle Lebensbereiche beherrscht. Der Kampf mit einem derart mächtigen Gegner ist somit ein Kampf auf Leben und Tod, ein Kampf, der unmittelbar bevorsteht, muß sich doch die »innere Gefühlsverbitterung gegen die Juden« in einer Explosion entladen. Für Marr steht diese »Katastrophe« unmittelbar bevor, und möglicherweise sieht er in ihr den herbeigesehnten Wendepunkt, denn noch im gleichen Jahr veröffentlicht er seine Schrift: »Wählet keinen Juden! Der Weg zum Sieg des Germanentums über das Judentum. Ein Mahnwort an die Wähler nichtjüdischen Stammes aller Konfessionen!«
[*Text 3*] Konnten die Broschüren von Glagau und Marr noch als Ausdruck privater Überzeugung einzelner gelten, die auf das politische Leben keinerlei Einfluß hatten, so änderte sich dies entschieden mit dem Auftreten des Berliner Hofpredigers Adolf Stoecker, der von sich selber sagen konnte, er habe »die Judenfrage aus dem literarischen Gebiet in die Volksversammlungen und damit in die politische Praxis eingeführt«[6].
Adolf Stoecker, geboren am 11. Dezember 1835 in Halberstadt (gest. 1909), entstammte einer einfachen Mittelstandsfamilie. Sein Vater, zuerst Schmied, dann Soldat, wurde nach siebenundzwanzigjähriger Dienstzeit Gefängnisinspektor. Nur unter großen finanziellen Opfern konnten die Eltern ihren Sohn das Gymnasium und die Universität besuchen lassen. Stoecker studierte evangelische Theologie, verdiente seinen Lebensunterhalt dann als Hauslehrer in

6. Wanda Kampmann, a. a. O., S. 242.

ostpreußischen Adelsfamilien, war während des Deutsch-Französischen Krieges 1870/71 Militärgeistlicher, schließlich Divisionspfarrer in Metz. Seine große patriotische Leidenschaft verhalf ihm 1874 zu dem Ruf auf die vierte Hofpredigerstelle in Berlin: »Es ist das Berlin der großen Ernüchterung nach den Gründerjahren, des sozialen Massenelends, des kirchlichen Notstands, des Mammongeistes, der Ungläubigkeit, der Fortschrittspresse, der sozialdemokratischen Propaganda – so erlebte es Stoecker, der sich die neue Reichshauptstadt anders vorgestellt hat« und nunmehr entsetzt die weitgehende Säkularisierung und Kirchenfeindschaft feststellen mußte.[7] So wurden 1875 von 100 protestantischen Ehen in Berlin nur 27,3 kirchlich geschlossen, von 100 Neugeborenen nur 65,8 getauft[8], eine Folge der von den Liberalen ausgehenden Zivilstandsgesetzgebung – wie Stoecker meinte. Seine Gegner sah Stoecker in der Fortschrittspartei, deren Wirtschaftssystem er für die soziale Not verantwortlich machte, und in der kirchenfeindlichen Sozialdemokratischen Partei; er war bereit, den Kampf aufzunehmen. Seine Beweggründe und seine Ziele legte er in einem Schreiben an den Kronprinzen Friedrich vom Jahre 1878 dar: »... was mich trieb, war die Verzweiflung um mein armes Volk, das ich in den Abgrund rollen sah, und die Liebe zu den Seelen, die ich retten wollte. [...] Seit beinahe 10 Jahren widme ich der sozialen Frage ein reges und ununterbrochenes Studium. In Berlin ergriff mich das Bewußtsein der Notwendigkeit, daß etwas geschehen müsse, um das Volk vom Abgrund zurückzurufen. Ich fand, daß Leute, die sich zur Kirche hielten, mit denen ich in freundschaftlicher Beziehung stand, dennoch mit den Sozialdemokraten stimmten, weil sie in dieser Partei die Vertretung ihrer Arbeiterinteressen erblickten. Da habe ich dann unter Gebet und Flehen den Entschluß gefaßt, mitten hinein in die Sozialdemokratie zu gehen, den wilden Stier bei den Hörnern zu fassen und mit demselben zu ringen ...

7. Vgl. Wanda Kampmann, a. a. O., S. 243.
8. Peter G. J. Pulzer, a. a. O., S. 80.

Seit fünfzehn Jahren ist das sozialistische Element der Köder, mit welchem die Arbeiter um ihren Glauben wie um ihren Patriotismus betrogen worden sind. Will man an ihre Herzen heran, so muß man die sozialen Dinge mitbesprechen.«[9]

»Den Stier bei den Hörnern packen« bedeutete für Stoekker, die Arbeiter für seine Ideale zu gewinnen. Da er überzeugt war, der Sozialismus sei die entscheidende Bewegung seiner Zeit, ging es ihm darum, dieser Idee eine christliche Basis zu geben. So gründete er 1878 die »Christlich-soziale Arbeiterpartei«. Die Reaktion der Arbeiter – das zeigte sich bereits in der Gründungsversammlung – war indessen strikt ablehnend, begründet in dem Mißtrauen gegenüber der Kirche und ihren Vertretern. Doch gab es neben den Arbeitern ja auch noch jene anderen Gruppen, die sich benachteiligt fühlten, die Händler, kleineren Unternehmer, Handwerker usw., die trotz aller Unzufriedenheit sich gegenüber Staat und Kirchen loyal verhielten, für den Antisemitismus aber äußerst empfänglich waren. Als Stoecker konstatieren mußte, daß seine Versammlungen mehr von dieser Gruppe als von den Arbeitern besucht wurden, nahm er sofort den Antisemitismus in sein Programm auf. Zum erstenmal widmete er sich ausgiebig diesem Thema in einer Rede vom 19. September 1879, bei der er sich ausdrücklich auch auf Glagau und Marr beruft.

Klang seine erste Rede auch noch maßvoll – dies änderte sich rasch –, getragen von der Sorge um die »Verjudung« Deutschlands, so hatte sie doch verheerende Auswirkungen. »Vom Fanatismus der Hörer und seiner eigenen Beredsamkeit mitgerissen, begann Stoecker seine Wirksamkeit«, die »in den Folgen für die politische und geistig-kulturelle Entwicklung Deutschlands kaum überbewertet werden« kann: »Er hat die Formel geliefert, nach der in den folgenden Jahrzehnten jene Legierung von Antisemitismus und Natio-

9. zitiert nach Paul W. Massing: Vorgeschichte des politischen Antisemitismus. Frankfurt a. M. 1959. (Frankfurter Beiträge zur Soziologie 8.) S. 24.

nalismus entstand, die sich als so fest erwies, daß sie bis in die Mitte des zwanzigsten Jahrhunderts hinein erhalten bleibt.«[10] Verheerend mußte sich bei dem Ansehen, das Stoecker genoß, auch seine Formulierung vom Kampf »Rasse gegen Rasse« auswirken, auch wenn er wiederholt beteuerte, der Rassenantisemitismus liege ihm wie jeglicher Antisemitismus fern.

Ihm ginge es – so belehrte er seine Zuhörer – lediglich darum, »gemeinsam an der sozialen Versöhnung zu arbeiten, die uns so notwendig ist. In dieser Absicht möchte ich die Judenfrage behandeln, in voller christlicher Liebe, aber auch in voller sozialer Wahrheit«.

Nur wenige Wochen nach seiner ersten antisemitischen Rede, von der – als Flugblatt gedruckt – innerhalb von vier Wochen 14 000 Exemplare abgesetzt wurden, sah sich Stoecker infolge der durch seine Thesen hervorgerufenen Aufregungen und Bestürzung genötigt, in einer öffentlichen Versammlung ein zweites Mal zu diesem Thema Stellung zu beziehen (2. Rede). – Kurze Zeit darauf konnte er in dem Historiker Treitschke einen weiteren prominenten Bundesgenossen begrüßen.

[*Text 4*] *Heinrich von Treitschke*, geboren am 15. September 1834 als Sohn eines hohen sächsischen Offiziers in Dresden, hatte in Bonn, Leipzig, Tübingen und Freiburg Staats- und Kulturgeschichte, Staatswissenschaften und Nationalökonomie studiert. Dementsprechend verstand sich Treitschke nicht nur als Historiker, sondern auch als Politikwissenschaftler; so schon in Leipzig, wo er 1859 die venia legendi (Lehrerlaubnis) erhielt und in Freiburg, wo er 1863 eine Professur für Staatswissenschaft wahrnahm, aber auch in Heidelberg, Kiel und Berlin, wo er 1874 den vormals von Ranke besetzten Lehrstuhl bekam, nachdem Jacob Burckhardt den Ruf abgelehnt hatte.

Ging es Treitschke in seinen Schriften der fünfziger und sechziger Jahre eher darum, »aus der Untersuchung der Ge-

10. Werner Jochmann, a. a. O., S. 413.

schichte eine Art vergleichende Politikwissenschaft zu entwickeln und gleichzeitig die Zwecke eines gemäßigten preußischen Liberalismus zu verfechten«, so wurde in den folgenden Jahrzehnten allmählich »seine Geschichtsschreibung das Vehikel einer überspitzten nationalistischen und zunehmend autoritären Einstellung, eng verbunden mit Antisemitismus, mit Antipathie nicht nur gegen den Sozialismus, sondern gegen soziale Reformen, und mit Befürwortung einer militanten imperialistischen Weltpolitik«[11].

Treitschke, das geht aus seinen zahlreichen Beiträgen in den *Preußischen Jahrbüchern* hervor, verstand sich anfangs als Liberaler. Den preußischen Obrigkeitsstaat bisweilen stark kritisierend, forderte er ein Mehr an persönlicher Freiheit und Rechtsstaatlichkeit. Die Ereignisse von 1866 und 1870/71 ließen ihn dann jedoch zusammen mit vielen anderen Liberalen von einem Gegner Bismarcks zu dessen Anhänger werden. Jetzt erschien ihm die sich auf Heer und Beamtentum stützende preußische Monarchie der Hohenzollern als der beste Schutz der deutschen Einheit, zu deren Befürwortern er schon immer gehört hatte, die er nach 1871 aber auch immer wieder bedroht sah von innerem Partikularismus sowie dem feindlichen Ausland; Treitschke rechnete nach 1871 stets mit dem Ausbruch eines neuen Krieges.

In dieser Situation mußten ihm, dem der deutsche Nationalstaat so am Herzen lag, eine starke Regierung und eine »treue Eintracht zwischen der Krone und dem Volk« unabdingbar erscheinen, denn noch war die deutsche Einheit gefährdet. »Unsere Gesittung ist jung; uns fehlt noch in unserem ganzen Sein der nationale Stil, der instinktive Stolz, die durchgebildete Eigenart, darum waren wir so lange wehrlos gegen fremdes Wesen.«

Wie man sich »fremdem Wesen« gegenüber zu verhalten habe, hatte Treitschke schon in seiner 1862 publizierten Arbeit *Das deutsche Ordensland Preußen* aufgezeigt. In diesem Aufsatz werden der deutsche Orden und seine Nachfolger,

11. Georg Iggers: Heinrich von Treitschke. In: Hans-Ulrich Wehler (Hrsg.), Deutsche Historiker. Bd. II. Göttingen 1971. S. 67.

die Hohenzollern, als Retter deutschen Volkstums gegen die Slawen gefeiert. »Sie erreichen diese Rettung durch ihre ›furchtlose Härte‹. Deutsche und Slawen stehen im erbarmungslosen Rassenkampf. Brutale Unterjochung wird zum Ideal.«[12]

Unüberbrückbare Gegensätze konstatierte Treitschke dann auch in seiner 1866 verfaßten Schrift über den Liberalismus, die später unter dem Titel *Das konstitutionelle Königtum in Deutschland und die preußische Monarchie* erschien und in der er von dem »tiefen Gegensatz zwischen dem schwerfälligen und doch so wunderbar tiefen und schöpferischen germanischen Wesen und diesem beweglichen und doch so unfruchtbaren Semitentum« spricht. Sein erster Aufsatz, der sich ganz der »Judenfrage« widmete, erschien unter dem Datum des 15. November 1879 in den *Preußischen Jahrbüchern* mit dem Titel »Unsere Aussichten«; weitere Artikel folgten in kurzen Abständen. Treitschke spricht in diesem Aufsatz den Massen einen gesunden Instinkt zu, der »eine schwere Gefahr, einen hochbedenklichen Schaden des neuen deutschen Lebens richtig erkannt« hat. Die von Stoecker entfachte Bewegung bezeichnet er als »eine brutale und gehässige, aber natürliche Reaktion des germanischen Volksgefühls gegen ein fremdes Element«; dieser erste Aufsatz enthält aber auch den schnell populär gewordenen Satz »Die Juden sind unser Unglück«.

Daß diese und andere Aussagen in unmittelbarem Zusammenhang mit der Reichsgründung zu suchen sind, wurde auch damals schon deutlich gesehen, so etwa, wenn Ludwig Bamberger feststellte »Je mehr Haß, desto mehr Tugend. [...] Gerade der Kultus der Nationalität trägt diese Versuchung mehr als jeder andere in sich und artet leicht dahin aus, den Haß gegen andere Nationen zum Kennzeichen echter Gesinnung zu machen.«[13] »Den Juden« – so Boehlich – »fiel dabei die Rolle des Gegenbildes zu.«

12. Georg Iggers, a. a. O., S. 71.
13. zitiert nach Walter Boehlich: Der Berliner Antisemitismusstreit. Frankfurt a. M. 1965. S. 251.

Treitschke starb am 28. April 1896, doch die von seinen Reden und Schriften ausgehende Wirkung reichte weit über seinen Tod hinaus. So wie Stoecker den theologischen Nachwuchs auf Jahrzehnte hin politisch beeinflußte, fanden die Anschauungen Treitschkes (der in den 80er Jahren ein dermaßen hohes Ansehen genoß, daß es als erstrebenswertes Vorrecht galt, in Berlin seine Vorlesungen hören zu dürfen) begeisterte Aufnahme im Bildungsbürgertum. Kein anderer Historiker hat so stark die politischen Vorstellungen weiter Bevölkerungskreise im deutschen Kaiserreich, aber auch noch der Weimarer und Hitler-Zeit geprägt. Seine Vorlesungen besuchten Hunderte von Studenten, die später in einflußreichen Positionen als hohe Beamte, Gymnasiallehrer, Offiziere usw. das antisemitische Gedankengut weitervermittelten. Zu seinen Hörern zählten auch die zukünftigen Führer des Alldeutschen Verbandes, Carl Peters und Heinrich Claas; dieser weiß in seinem Buch *Wider den Strom* zu berichten: »Sein Wort ›Die Juden sind unser Unglück‹ ging mir mit meinen 20 Jahren in Fleisch und Blut über; es hat einen wesentlichen Teil meiner späteren politischen Arbeit bestimmt. [...] Wir Jungen waren fortgeschritten; wir waren national schlechthin; wir wollten von Toleranz nichts wissen, wenn sie Volks- und Staatsfeinde schonte; die Humanität im Sinne jeder liberalen Auffassung verwarfen wir, weil das eigene Volk dabei zu kurz kommen mußte.«[14]
Unmittelbar im Anschluß an die Reden Stoeckers und die Veröffentlichungen Treitschkes hielt der jüdische Philosoph und Professor der Universität Berlin, Dr. Moritz Lazarus (1824–1903) am 2. Dezember 1879 einen Vortrag im Rahmen der Generalversammlung der Hochschule für die Wissenschaft des Judentums. Gedacht als Antwort auf die von Stoecker und Treitschke geäußerten Vorwürfe, erörterte Lazarus dabei die Frage der Nationalität und das Verhältnis der Juden »und speziell der deutschen Juden zu derselben«. »Im Grunde genommen«, so der Redner, »sollten wir schweigen. [...] Denn für uns als Juden existiert keine Frage als

14. Paul W. Massing, a. a. O., S. 154.

berechtigter Gegenstand eines Streites. Was man wieder einmal die Judenfrage nennt, ist lediglich eine *deutsche* Frage. Die Frage der Humanität ist in diesem Falle, da wir das Objekt derselben sind, da wir die Humanität zu erwarten und zu fordern haben, nicht die unsrige, sondern die der ganzen deutschen Nation. Überall und immer ist die Frage der Humanität und der Gerechtigkeit wichtiger für den, der sie zu gewähren, als für den, der sie zu empfangen hat. Aber wir sind Deutsche, als Deutsche müssen wir reden. [...] Und nicht die Sprache allein macht uns zu Deutschen. Das Land, das wir bewohnen, der Staat, dem wir dienen, das Gesetz, dem wir gehorsamen, die Wissenschaft, die uns belehrt, die Bildung, die uns erleuchtet, die Kunst, die uns erhebt, sie sind alle deutsch. Muttersprache und Vaterland sind deutsch, beide Erzeuger unseres Inneren; hier standen unsere Wiegen, hier sind die Gräber derer, von denen wir stammen, in vielen Geschlechtern; unser Anfang also und unser Ende des Lebens ist hier. [...]
Aber unser Blut, meint man, auch wenn es etwa auf dem Schlachtfelde für die deutsche Sache fließt, ist nicht deutsch; wir sind und bleiben – Semiten. [...] Übrigens ist diese ganze Blut- und Rassentheorie ein Ausfluß des grobsinnlichen Materialismus der Welt- und Lebensanschauung überhaupt. [...] Eine Folge, zuweilen auch Ursache, immer also Begleiterin dieses Materialismus, ist die Erregung des niedrigsten und gemeinsten Widerwillens unter den Menschen, die Erregung des Rassen- oder Stammeshasses. Ich nenne ihn den niedrigsten und gemeinsten, weil er tierisch ist, der unter den Tierarten entbrennt aus keinem anderen Grund, als wegen ihrer Verschiedenheit. In einer friedenatmenden Menschenwohnung miteinander aufgewachsen, lernen freilich Hund und Katze sich miteinander vertragen. Der Mensch aber, in dem das Gefühl der Humanität noch nicht entstanden oder wieder erstickt ist, sieht in jedem Menschen, der von ihm verschieden ist, einen Gegner, auch wenn dieser keinerlei Angriff auf, keinerlei Eingriff in seine Rechte bekundet [...].«

Natürlich, so räumt Lazarus vorbehaltlos ein, gibt es auch Juden, die aufgrund ihres Verhaltens Anlaß des öffentlichen Ärgernisses sind, doch darf man deshalb von *den* Juden sprechen?!

»Wann endlich wird die barbarische Logik aus den Köpfen verschwinden, an die Stelle des einzelnen oder des Besonderen in der Erfahrung das Allgemeine ins Urteil zu setzen? Was in aller Welt nützt denn die Logik, wo ist der Adel der Wissenschaft, wo die Würde des Gedankens, wenn man an entscheidender Stelle, da, wo es sich um Wohl und Wehe, um Ehre und Ruf von Tausenden und Abertausenden handelt, mit einem aller Logik so sehr wie aller Gerechtigkeit spottenden Leichtsinn anstatt *den* oder *einige* Juden ohne weiteres *die* Juden setzt? [...] Das allgemeine Gefängnis des Gesamturteils, in welches man alle sperrt, obgleich nur einige schuldig sind, pflegt wohl eine kleine Hintertür zu haben, durch welche diese logischen Gefangenenwärter, bestochen von den Vorzügen derselben, einzelne herausschlüpfen lassen. Man gibt zu, daß es Ausnahmen gibt, die man sogar als ›Freunde‹ anerkennt.

Ich aber für meine Person erkläre hiermit ausdrücklich: Ich stehe zu denen, welche ungekannt angeklagt und ungeprüft verurteilt werden, viel lieber als zu der Schar der als ›Ausnahmen‹ Begnadigten.

Was also soll es heißen, wenn man uns auffordert, ›rückhaltlos Deutsche zu sein‹? Und das in demselben Atem, mit welchem man uns hart und lieblos als ein gesondertes Ganzes und wie ein Fremdes bespricht. Oder gibt es was Härteres und Liebloseres als jemandem zu sagen: ›Du bist mein Unglück!‹?«[15]

Dieser Protest von Lazarus gegen die Argumentationsweise von Stoecker und Treitschke fand wenig positive Resonanz; eher läßt sich das Gegenteil behaupten: allein in dem Zeitraum 1879/80 erschienen mehr als 300 antisemitische Schriften.

15. Moritz Lazarus: Was heißt national? ²1880. S. 5 u. 21 f.

Neue Impulse erhielt die antisemitische Bewegung aufgrund von Aktivitäten der Gymnasiallehrer Bernhard Förster – einem Schwager Nietzsches – und Ernst Henrici sowie des Premierleutnants Liebermann von Sonnenberg.

Henrici (1854–1915) und Förster (1843–89) wurden aufgrund ihrer Aktivitäten schon bald durch den Berliner Magistrat aus ihren Ämtern entlassen. Besonders unter dem Einfluß der maßlosen Hetzreden Henricis, der sich selbst als »Brandstifter« bezeichnete und in der Nachfolge Marrs die Judenfrage ausschließlich als Rassenfrage deklarierte, welche auf der Minderwertigkeit der Juden in geistiger und körperlicher Hinsicht beruhe, kam es schon bald zu ersten Tumulten und Ausschreitungen. Noch im Dezember 1880 soll Henrici dazu aufgefordert haben, alle Juden totzuschlagen; auf dem »Ersten Internationalen Kongreß der Antisemiten« in Dresden stellte er den Antrag, alle Juden aus Deutschland auszuweisen. »Dies war kein Einzelfall. Die Eskalation des Hasses und der Gewalt griff zudem von Berlin auf die Provinzen über, in denen Förster und andere große und kleine Demagogen nach eigenem Eingeständnis nichts unterließen, um zu ›wühlen und zu hetzen‹ und die Bevölkerung ganz bewußt in Pogromstimmung zu versetzen.«[16] Eine politische Karriere blieb ihnen jedoch versagt. Lediglich Liebermann von Sonnenberg (1848–1911) gehörte seit 1890 dem Reichstag an.

Henrici zog sich nach einigen Jahren vom politischen Leben völlig zurück und brachte seine politischen Freunde in nicht geringe Verlegenheit, als er nach einer Reise in die Vereinigten Staaten mit einer »mischblütigen« Frau zurückkam. Bernhard Förster ging mit seiner Frau 1886 nach Paraguay, um dort die judenreine Kolonie »Neu-Germania« zu gründen. Enttäuscht über den Mißerfolg dieses Unternehmens beging er 1889 Selbstmord.

Diese drei Agitatoren organisierten im August des Jahres 1880 eine *Antisemitenpetition* an den Reichskanzler. Die Pe-

16. Werner Jochmann, a. a. O., S. 416.

tition enthielt die gängigen Forderungen, nämlich: Beschränkung der Einwanderung, Ausschluß der Juden von allen wichtigen Staatsämtern und im Regelfall auch vom Lehramt sowie die Wiederaufnahme der jüdischen Bevölkerungsstatistik. Die Petition wurde am 13. April 1881 dem Reichskanzler eingereicht mit 225 000 Unterschriften, vorwiegend aus dem nördlichen und östlichen Teil Preußens; in Württemberg, Hohenzollern und Baden erhielt die Petition zusammen 7000, in Bayern 9000 Unterschriften. Eine der bedenklichsten Erscheinungen dabei war die Aufnahme, die diese Bewegung an den Hochschulen fand, und zwar zunächst nicht so sehr beim Lehrkörper – bereits am 12. November 1880 wandten sich in der sogenannten Notabeln-Erklärung 76 Berliner Persönlichkeiten, unter ihnen zahlreiche Professoren, gegen diese antisemitische Agitation –, sondern in der Studentenschaft.
Die Erklärung gegen die Petition hatte folgenden Wortlaut:

Notabeln-Erklärung vom 12. 11. 1880

Nationalzeitung, Berlin, 14. 11. 1880

Heiße Kämpfe haben unser Vaterland geeint zu einem mächtig aufstrebenden Reiche. Diese Einheit ist errungen worden dadurch, daß im Volksbewußtsein der Deutschen das Gefühl der notwendigen Zusammengehörigkeit den Sieg über die Stammes- und Glaubensgegensätze davontrug, die unsere Nation wie keine andere zerklüftet hatten. Solche Unterschiede die einzelnen Mitbürger entgelten zu lassen ist ungerecht und unedel und trifft vor allem diejenigen, welche ehrlich und ernstlich bemüht sind, in treuem Zusammengehn mit der Nation die Sonderart abzuwerfen, mit denen sie nach gleichen Zwecken zu streben sich bewußt sind, und es wird dadurch verhindert, was das gemeinsame Ziel bleibt: die Ausgleichung aller innerhalb der deutschen Nation noch von früher nachwirkenden Gegensätze.
In unerwarteter und tief beschämender Weise wird jetzt und

an verschiedenen Orten, zumal in den größten Städten des Reiches, der Rassenhaß und der Fanatismus des Mittelalters wieder ins Leben gerufen und gegen unsere jüdischen Mitbürger gerichtet. Vergessen wird, wie viele derselben durch Fleiß und Begabung in Gewerbe und Handel, in Kunst und Wissenschaften dem Vaterlande Nutzen und Ehren gebracht haben; gebrochen wird die Vorschrift des Gesetzes wie die Vorschrift der Ehre, daß alle Deutschen in Rechten und Pflichten gleich sind. Die Durchführung dieser Gleichheit steht nicht allein bei den Tribunalen, sondern beim Gewissen jedes einzelnen Bürgers. Wie eine ansteckende Seuche droht die Wiederbelebung eines alten Wahnes die Verhältnisse zu vergiften, die in Staat und Gemeinde, in Gesellschaft und Familie Christen und Juden auf dem Boden der Toleranz verkündet haben. Wenn jetzt von den Führern dieser Bewegung der Neid und die Mißgunst nur abstrakt gepredigt werden, so wird die Masse nicht säumen, aus jenem ziellosen Gerede die praktischen Konsequenzen zu ziehen.

An dem Vermächtnis Lessings rütteln Männer, die auf der Kanzel und dem Katheder verkünden sollten, daß unsere Kultur die Isolierung desjenigen Stammes überwunden hat, welcher einst der Welt die Verehrung des einigen Gottes gab. Schon hört man den Ruf nach Ausnahmegesetzen und Ausschließung der Juden von diesem oder jenem Beruf oder Erwerb, von Auszeichnungen und Vertrauensstellungen. Wie lange wird es noch währen, bis der Haufe auch in diesen einstimmt? Noch ist es Zeit, der Verwirrung entgegenzutreten und nationale Schmach abzuwenden, noch kann die künstlich angefachte Leidenschaft der Menge gebrochen werden durch den Widerstand besonnener Männer. Unser Ruf geht an die Christen aller Parteien, denen die Religion die frohe Botschaft vom Frieden ist; unser Ruf ergeht an alle Deutschen, welchen das ideale Erbe ihrer großen Fürsten, Denker und Dichter am Herzen liegt. Verteidigt in öffentlicher Erklärung und ruhiger Belehrung den Boden unseres gemeinsamen Lebens: Achtung jedes Bekenntnisses, gleiches Recht, gleiche Sonne im Wettkampf, gleiche Anerkennung tüchtigen Strebens für Christen und Juden.[17]

Ausgangspunkt der von Studenten organisierten antisemitischen Bewegung war die Universität Leipzig, wo es am 15. November 1880 zur Bildung eines studentischen Komitees kam, das aus 12 Mitgliedern bestand; jede der vier Fakultäten (die juristische, theologische, philosophische und medizinische) entsandte drei Vertreter; inwieweit Treitschke diese Initiativen unterstützte, ist nicht mehr zweifelsfrei festzustellen.[18]
Dieses Komitee begnügte sich nicht damit, auch in der Studentenschaft Unterschriften für die allgemeine Petition zu sammeln, sondern setzte eine *studentische Sonderpetition* in Umlauf, für die man bis zum 25. Dezember 1880 genau 1022 Unterschriften erhielt. Von der Leipziger Studentenschaft soll sich weit über ein Drittel der Petition angeschlossen haben. Die Erfolge des Leipziger Komitees blieben in Süddeutschland gering, waren an einigen norddeutschen Universitäten aber überraschend groß.
Damit das Komitee seinen Standpunkt darlegen konnte, wurden am 22. November und 10. Dezember 1880 in Leipzig zwei offensichtlich gut besuchte Versammlungen abgehalten.
Besonders rasch verbreitete sich das antisemitische Gedankengut unter den protestantischen Theologen. Das zeigte sich schon ansatzweise auf der 2. Versammlung des studentischen Komitees am 10. Dezember mit der Rede des Theologiestudenten von Langsdorff: *Die Judenfrage vom Standpunkt des evangelisch-christlichen Glaubens.*
[*Text 5*] Von Langsdorff berief sich dabei u. a. auf eine kurz zuvor erschienene Schrift des evangelischen Pastors Gottlieb August Schüler: *Die Judenfrage – Eine Frage an das deutsche Volk und die deutschen Juden.* Anfang 1881

17. abgedruckt bei Peter G. J. Pulzer, a. a. O., S. 271.
18. Vgl. dazu Ludwig Quidde: Die Antisemitenagitation und die deutsche Studentenschaft. ²1881. S. 18, Anm. 1.

erschien die Broschüre *Luther und die Juden. Den deutschen Studenten gewidmet von einem Kommilitonen*, die in eindeutiger Absicht eine Zusammenstellung der antisemitischen Äußerungen Luthers enthielt (vgl. S. 14 f.); den noch unentschlossenen evangelischen Theologiestudenten sollte damit die Unterzeichnung der studentischen Petition erleichtert werden.

Wie stark der Antisemitismus in diesen Kreisen Fuß fassen konnte, verdeutlicht ein Schreiben des Oberkonsistoriums des Großherzogtums Hessen vom 3. November 1890, in dem die Pastoren gemahnt werden, sich der antisemitischen Agitation zu enthalten. Sichtbarer Erfolg war diesen Ermahnungen indessen nicht beschieden, »zumal einem einfachen Landpfarrer schlecht verboten werden konnte, was einem Hofprediger gestattet war«.[19]

[*Text 6*] In einer Zeit, da der Antisemitismus von Kanzel und Katheder verkündet wurde, in der man versuchte, teils durch Aufbauschung von Tatsachen, zum großen Teil aber durch frei erfundene Skandale die Stimmung unter den Massen anzuheizen, in der sich unter Studenten ein Fanatismus und Radikalismus breit zu machen begann, der auch die mit dem Antisemitismus sympathisierenden Hochschullehrer mit Sorge erfüllte, in so einer Zeit erlebten natürlich auch Schriften Neuauflagen, von denen selbst Treitschke meinte: »Es ist des Schmutzes und der Roheit nur allzu viel in diesem Treiben.« Zu diesen Schriften ist das Buch des Gutsbesitzers *Heinrich Nordmann* (Pseudonym: *H. Naudh*) zu zählen, *Die Juden und der Deutsche Staat*, das erstmals 1860 erschien und bis 1883 12 Auflagen erlebte.

Nordmann, der sich gegen die völlige Gleichstellung der Juden wendet, beruft sich dabei vor allem auf die Rassentheorie Gobineaus, der mit seinem *Essay sur l'Inégalité des Races Humaines* (Paris 1853–55) die Lehre von der Ungleichheit der Rassen wissenschaftlich zu untermauern versuchte. Nach Ansicht Gobineaus stehen den Germanen als

19. Werner Jochmann, a. a. O., S. 431.

der edelsten Rasse die Semiten gegenüber als »unschöpferische, in ihren Leistungen unselbständige, parasitäre Elemente«[20]. Nordmann hat dieses neue »wissenschaftliche« Argument der Rasse begeistert aufgegriffen und für alle Lebensbereiche zu verifizieren versucht. Seitdem – dies war ja auch bei Marr deutlich geworden – taucht der Begriff der Rasse in der antisemitischen Literatur immer wieder auf. »Wir halten es für ein Ungück«, so Nordmann, »als Jude geboren zu werden, so wie wir es für ein Unglück halten, als Krüppel zur Welt zu kommen«, denn in beiden Fällen ist eine Besserung ausgeschlossen.

Auf die verhängnisvollen Folgen dieses Rassismus für die Juden machte schon 1880 der Führer der Fortschrittspartei, Eugen Richter, anläßlich der Diskussion im Abgeordnetenhaus über die Unterschriftenagitation zu der oben genannten »Allgemeinen Petition« aufmerksam. Zu Stoecker gewandt, dessen Bewegung dabei gleichzeitig zur Sprache kam, sagte er unter anderem: »Das ist gerade das besonders Perfide an der ganzen Bewegung, daß, während die Sozialisten sich bloß kehren gegen die wirtschaftlich Besitzenden, hier der Rassenhaß genährt wird, also etwas, was der einzelne nicht ändern kann und was nur damit beendigt werden kann, daß er entweder totgeschlagen oder über die Grenze geschafft wird.«[21]

Daß derartige Befürchtungen einen realen Hintergrund besaßen, wird aus der Beschreibung Eduard Bernsteins in seiner *Geschichte der Berliner Arbeiterbewegung* ersichtlich: »Es war wie eine Sturzwelle judenfeindlicher Reaktion. Eine ganze Presse, die ihr Ausdruck gab, schoß ins Leben. Antisemitische Flugschriften und Schimpfblätter wider alles, was jüdisch oder jüdischer Sympathie verdächtig war, wurden in Massen verbreitet; sie predigten gesellschaftliche Ächtung der Juden, und die Ächtung wurde auch verschie-

20. Alexander Bein: Der moderne Antisemitismus und seine Bedeutung für die Judenfrage. In: Vierteljahreshefte für Zeitgeschichte 6 (1958) S. 344.
21. Walter Boehlich, a. a. O., S. 255 f.

dentlich in verletzender Form in die Tat umgesetzt. [...] Mit Rüpelszenen, wie sie Berlin zuvor nicht gekannt, wurde, nachdem am 30. Dezember 1880 eine große Antisemitenversammlung in der Bockbrauerei durch Reden der B. Förster, E. Henrici, Ruppel, Liebermann von Sonnenberg und anderer Führer der Bewegung bearbeitet worden war, in der Silvesternacht 1880/1881 das neue Jahr eingeläutet. Organisierte Banden zogen in der Friedrichstadt vor die besuchten Cafés, brüllten, nachdem allerhand Schimpfreden gehalten wurden, taktmäßig immer wieder ›Juden raus!‹, verwehrten Juden oder jüdisch aussehenden Leuten den Eintritt und provozierten auf diese Weise Prügelszenen, Zertrümmerung von Fensterscheiben und ähnlichen Wüstheiten mehr. Alles natürlich unter der Phrase der Verteidigung des deutschen Idealismus gegen jüdischen Materialismus und des Schutzes der ehrlichen deutschen Arbeit gegen jüdische Ausbeutung.«[22]

[*Text 7*] Diese durch den Rassenhaß genährten Ausschreitungen erhielten weiteren Auftrieb durch *Karl Eugen Dührings* Schrift *Die Judenfrage als Rassen-, Sitten- und Kulturfrage*, in der er im Zusammenhang mit der Erörterung von Maßnahmen gegenüber dem Judentum die Forderung erhob: »Wo die Rasse einmal gründlich erkannt ist, da steckt man sich von vornherein ein weiteres Ziel, zu welchem der Weg nicht ohne die kraftvollsten Mittel zu bahnen ist.«

Dühring, geboren am 12. Januar 1833 in Berlin, war der einzige Sohn eines Geheimen Expedierenden Sekretärs. Der Vater starb, bevor Dühring das 13. Lebensjahr vollendet hatte. Die stets kränkliche Mutter hätte mit ihrer kargen Pension ein Studium nicht finanzieren können; so übernahm eine Tante, seine »zweite Mutter«, die Unterhaltskosten.

An der Berliner Universität begann Dühring mit dem juristischen Studium, das ihn aber in keiner Weise befriedigte; so widmete er sich immer stärker der Philosophie und Nationalökonomie. Ein hartnäckiges Augenleiden, das 1861 zu

22. zitiert nach Paul W. Massing, a. a. O., S. 44.

völliger Erblindung führte, bewog ihn, zur Sicherung einer Existenzgrundlage trotz seiner Abneigung gegen diese Fachrichtung eine juristische Dozentur anzustreben. Der Verwirklichung der Absicht scheint der Widerstand des Professors Fr. J. Stahl, des bekannten Führers der Feudalpartei in der preußischen Ersten Kammer, im Wege gestanden zu sein, dessen jüdische Abstammung und Physiognomie von Dühring in seiner Lebensbeschreibung so nachdrücklich betont wird, daß der Gedanke naheliegt, daß bereits hier einer der Ausgangspunkte für seinen später zum dogmatisch verallgemeinernden Fanatismus gesteigerten Judenhaß vorliegt.[23]

1863 habilitierte sich Dühring für Philosophie und Nationalökonomie. Seine rege publizistische Tätigkeit fand in der Fachwissenschaft große Aufmerksamkeit; seine Vorlesungen waren stets gut besucht; dennoch fand seine akademische Laufbahn schon 1877 ein vorzeitiges Ende. Wegen beleidigender Äußerungen gegenüber Mitgliedern des Berliner Professoren-Kollegiums wurde ihm trotz heftiger Proteste von den verschiedensten Seiten die Lehrerlaubnis entzogen. »Auch die Sozialdemokratie setzte sich im Interesse der Freiheit der Wissenschaft für ihn ein, wie Dühring allerdings behauptete, um sich angesichts der (für ihn tätigen) Studentenbewegung die Agitationsgelegenheit nicht entgehen zu lassen; denn Dühring haßte nächst den Professoren und Juden am meisten die Sozialdemokraten; aus theoretischen Gründen (vgl. den *Anti-Dühring* von Fr. Engels) und wegen des Anteils der Juden an der Bewegung.«[24] Diese Antipathie kommt auch in der vorliegenden Schrift deutlich zum Ausdruck.

Sein 1881 gleich in zwei Auflagen erschienenes Buch zur Frage des Judentums gilt wohl nicht zu Unrecht als die klassische Schrift des modernen Antisemitismus. »Zu seiner Zeit«, so Pulzer, »stellte Dühring das Nonplusultra des anti-

23. Alois Wenzel: Dühring. In: Deutsches Biographisches Jahrbuch. Hrsg. vom Verband der Deutschen Akademien. Bd. V: 1923. 1930.
24. Alois Wenzel, a. a. O.

semitischen Extremismus dar.«[25] Dühring behandelt die Judenfrage mit der Konsequenz, Gradlinigkeit und Engstirnigkeit, die man oft bei Entdeckern neuer »Wahrheiten« findet und die ihn auch sonst auszeichnet, als Frage der Rasse ...

Den Grundgedanken der Schrift hat Dühring in den späteren Auflagen immer schärfer und konsequenter herausgearbeitet und auch im Titel ausgedrückt. Die 5., umgearbeitete Auflage (1901) erschien unter dem Titel *Die Judenfrage als Frage des Rassencharakters und seiner Schädlichkeit für Völkerexistenz, Sitte und Kultur.*[26]

Dühring starb am 21. September 1921. In einem Nachruf auf seinen schon einmal für den 21. Oktober 1879 irrtümlich gemeldeten Tod hieß es damals in der *Nationalzeitung*: »Auf dem Gebiet der Wissenschaft hat er eine erhebliche und für manche Gebiete nicht unfruchtbare Tätigkeit entfalten können. Er aber überschätzte die Bedeutung dessen, was ihm zu leisten vergönnt war, und diese krankhafte Selbstüberschätzung war die Ursache der Mißgriffe, die ihn aus seiner Wirksamkeit rissen. So steht er vor den Augen des Publikums vor allem in seiner zerstörenden, vernichtenden und unfruchtbaren Kritik da.«[27]

[*Text 8*] Die antisemitische Bewegung, die nicht auf Deutschland beschränkt blieb, erreichte einen neuen Höhepunkt mit dem *Ersten Internationalen Antijüdischen Kongreß* in Dresden vom 10. bis 12. September 1882. Die Initiative hierzu ging von Ungarn aus, wo es im Sommer 1882 wegen eines angeblichen Ritualmordes in Tisza-Eszlar zu antijüdischen Ausschreitungen gekommen war.

Dem Vorwurf des Ritualmordes liegt die Vorstellung zugrunde, die Juden würden christliche Jungen und Mädchen töten, indem sie sie schächten (Schnitt durch den Hals); das dabei gewonnene Blut würde zur Herstellung der Oster-

25. Peter G. J. Pulzer, a. a. O., S. 52.
26. Alexander Bein, a. a. O., S. 347.
27. Alma mater, Organ für Hochschulen 4 (1879) Nr. 44 vom 30. Oktober 1879. S. 340.

brote benützt. Für die Zeit von 1882 bis 1900 sind allein für das Gebiet des Deutschen Reiches ca. ein Dutzend Ritualmordanklagen bekannt; derartige Beschuldigungen finden sich jedoch durchaus auch noch im 20. Jahrhundert.
Ungeheures Aufsehen und eine kaum für möglich gehaltene antisemitische Hetzkampagne löste 1882 der obengenannte angebliche Ritualmord an dem Bauernmädchen Esther Solymossi am 1. August 1882 in Tisza-Eszlar (Ungarn) aus. Der Jude Moritz Scharf, so die Anklage, sollte das Mädchen entführt und in der Synagoge geschächtet haben. Er wurde nach einem 33 Tage währenden Prozeß freigesprochen, was angesichts der massiven Einflußnahme der antisemitischen Presse, der offenen und anonymen Drohungen, denen sich jene Zeugen ausgesetzt sahen, die für den Angeklagten aussagten, und der insgesamt äußerst spannungsgeladenen Atmosphäre nicht ohne weiteres zu erwarten gewesen war.[28]
In welcher Weise die Antisemiten diese Situation auszunützen und die Bevölkerung aufzuhetzen versuchten, zeigen unter anderem folgende Beispiele. In Tisza-Eszlar und Umgebung wurden Plakate ausgehängt mit dem Text: »Mitbürger, die Zeit ist da, mordet die Juden, rettet das Vaterland, auch die Regierung hat nichts mehr dagegen« und »Ungarische Brüder, hauet die Juden nieder«. – Der Freispruch sei natürlich nur mit Hilfe des jüdischen Kapitals erreicht worden, aber zu Unrecht erfolgt, wie ein Dr. Ernst Stußlieb seinen Lesern – und zwar bei aller Plumpheit des Machwerks mit großem Erfolg – suggeriert, wenn er in seinem Buch *Der Aufgeblasene Talmudlöwe* schreibt:
»Nu, und waißt Du doch auch, was ist vorgefallen für eine Geschichte in Tisza-Eszlar in Ungarn ... hat gelautet die Anklage auf rituellen Mord. Und haben es gemacht die Jehudim in ihren Schornalen, auch dieses Mal, wie sie es hatten gemacht bei dem Falle von Damaskus, und haben hin-

28. Zu diesem Prozeß vgl. Stefan Lehr: Der Antisemitismus als religiös bedingtes soziales Vorurteil 1870–1914. Phil. Diss. Köln 1974, dem auch die folgenden Angaben entnommen sind.

gesendet zu dem Prozesse ihre Reporter, welche haben berichtet, so wie es war nötig. Und ist eingetreten Rothschild für die Ehre von seinen Volke und hat gedroht, daß er wird werfen die Rente um zehn Perzent oder zwölf, so viel als wird nötig, for zu schrecken die Gojim, und daß er nicht wird durchführen die Conversion, welche ist gewesen im Werke damals, wenn nicht werden freigesprochen die Schochets von das Verbrechen, an welches zu glauben ist eine Schande und eine Schmach für das neunzehnte Jahrhundert ...«[29]

Die mauschelnd-jiddisierende Unterhaltung, in der die Schuldfrage gar nicht erörtert wird, setzt die Schuld der »Schochets« praktisch voraus.

Der ungarische Reichstagsabgeordnete Geza von Onody ließ seiner Hetzschrift eine Federzeichnung von Esther Solymossi beifügen, die erst nach dem Tode des Mädchens, dessen Leiche niemals gefunden wurde, entstanden war; Modell für dieses Bild soll die Prostituierte Ludowika Marossek gewesen sein. Die so entstandene Zeichnung veranlaßte Onody zu der Klage: »Hier vor uns steht es, jenes Mädchen, das den letzten Seufzer ihrer unschuldigen Seele im Kreise der im finsteren Verbrecherwahn nach Rache schnaubenden rituellen Mord-Schächter ausgehaucht hat. [...] Mir schien es, als bewegten sich diese geschlossenen Lippen, während sich die Hände gegen den Himmel erheben, um eine ganze Welt um Hilfe anzurufen [...]« – das war sicher der Ton, mit dem man Anteilnahme und Haßgefühle in der Masse erzeugen konnte; die Folgen zeigten sich in einer Vielzahl von Ritualmordbeschuldigungen gegen Juden, und vor allem unter den christlichen Dienstmädchen, die in jüdischen Familien angestellt waren, griff die Furcht um sich, bald selber geschächtet zu werden. In einem erst kürzlich veröffentlichten Leserbrief heißt es: »Meine Großmutter war einmal Dienstmädchen bei einer reichen Judenfamilie und behauptet fest, die Juden hätten Chri-

29. zitiert nach Stefan Lehr, a. a. O., S. 93.

sten-Kinder geschlachtet, weil sie das Blut für irgendwelche religiösen Zwecke benötigten. Sie hat's zwar niemals gesehen, aber sie ist von ihrem Glauben nicht abzubringen, zumal ›es doch damals jeder wußte, daß sie das taten‹. Diese Greuelmärchen erzählt sie auch heute noch ihren Urenkeln, und da sie wohl nicht die einzige in Deutschland ist, die an solche Schauermärchen glaubt, wird es sicher noch einige Zeit dauern, bis alle Vorurteile und Unwahrheiten ausgerottet sind.«[30]

A. Nußbaum charakterisiert die Ritualmordbeschuldigungen wohl richtig, wenn er schreibt: »Diese ganze psychische Atmosphäre erinnert auffällig an die Hexen-, Teufel- und Zauberprozesse des 15.–17. Jahrhunderts, nicht nur in der gemeinschaftlichen Grundlage der auf religiösem Aberglauben beruhenden Massensuggestion, sondern auch in manchen Einzelheiten, wie denn das Blut in den Zauber- und Hexenprozessen eine große Rolle spielt. Wir glauben uns um mehrere Jahrhunderte zurückversetzt, wenn eine Zeugin in der Piseker Verhandlung (Ritualmordprozeß in Polna/Österreich 1899) von einem Gerücht erzählt, wonach seit der Ermordung der Hrusza in ihrem Geburtsort Wieznitz das Wasser blutig fließe und sich die Juden darin die Hände wüschen. Nicht ausgeschlossen ist es auch, daß zu der Vorstellung des häßlichen hinkenden Juden, der in der Gesellschaft Hilsners (des angeblichen Mörders) jedesmal vor Verübung der Mordtaten gesehen wurde und beide Male spurlos verschwand, dunkle Teufelsreminiszenzen beigetragen haben.«[31]

Als der »Erste Internationale Antijüdische Kongreß« in Dresden zusammentrat, schmückte man das Podium mit einem von Geza von Onody mitgebrachten Ölgemälde der Judenmärtyrerin Esther Solymossi.

Ziel des Kongresses war es, die allen Völkern drohende Judengefahr in gemeinsamer Anstrengung aller europäischen

30. Der Stern, Heft 16 vom 6. April 1977.
31. Vgl. Stefan Lehr, a. a. O., S. 102.

Nationen abzuwehren. Den Kongreß besuchten mehr als 300 Teilnehmer, unter ihnen von deutscher Seite natürlich Bernhard Förster, Liebermann von Sonnenberg und Henrici, aber auch Stoecker. Die Diskussion wurde beherrscht von den gegensätzlichen Auffassungen zwischen Stoecker, nach dessen Ansicht die Juden durch die Taufe »unsere Brüder« würden, und den Rassenantisemiten; die Formulierungen zeigen, daß Stoecker in beinahe allen wesentlichen Punkten zum Nachgeben gezwungen wurde. – Die Versammlung beschloß auch die Einsetzung eines »ständigen Komitees«, das nach Auffassung der ungarischen Teilnehmer den »Keim zu einem antisemitischen Völkerbund« enthalten sollte.[32] Der Bevollmächtigte dieses Komitees wurde der Verlagsbuchhändler Ernst Schmeitzner, der ihm den Namen gab: »Alliance Antijuive Universelle«. Das Komitee hat sich niemals konstituiert, eingesetzt wurde nur ein Kassierer. – Auf einer zweiten Tagung vom 27./28. April 1883 waren die radikalen Elemente unter sich; »diese zweite Tagung, sehr schwach besucht (etwa 40 Teilnehmer), ohne positives Ergebnis, war unzweifelhaft ein Fiasko und als solches kennzeichnend für die ganze Lage der antisemitischen Bewegung in den Jahren 1883–85«[33].

[*Text 9, 10*] Neue Impulse gingen von dem Ingenieur *Theodor Fritsch* aus (1852–1933), der mit unermüdlichem Fleiß und einer kaum überschaubaren publizistischen Tätigkeit der aus der öffentlichen Diskussion allmählich zurückgedrängten antisemitischen Bewegung zu einer Neubelebung verhalf. Er gehörte zu jener kleinen Zahl von Antisemiten, die sich nicht resignierend vorzeitig zurückzogen, sondern ihre Agitation auch in der Weimarer Republik noch fortsetzten. Fritsch wurde Reichstagsabgeordneter der 1922 gegründeten Deutschvölkischen Freiheitspartei, die nach den Reichstagswahlen vom Mai 1924 mit der Nationalsozialistischen Deutschen Arbeiterpartei zur Nationalsozialistischen

32. Kurt Wawrzinek: Die Entstehung der deutschen Antisemitenparteien (1873–1890). 1927. (Historische Studien 168.) S. 51.
33. Kurt Wawrzinek, a. a. O., S. 54.

Freiheitspartei verschmolz; im Februar 1925 kam es jedoch bereits wieder zur Spaltung. – Nach seinem Tode im Jahre 1933 erscheint ein von Julius Streicher verfaßter Nachruf. »Er schrieb, wie er in düsterer Winternacht an der Diskussion in einer Revolutionsversammlung teilgenommen habe; als er wegging, ›da kam ein fremder Mann auf mich zu und drückte mir ein Buch in die Hand, das Handbuch der Judenfrage. Und ich las es. Las es eine ganze Nacht hindurch. Und als der Morgen wieder in die Stadt gekommen war, da war es mir wie Schuppen von den Augen gefallen. Ich war sehend geworden. Ein Wissender unter Wissenden‹. Von Fritsch, ›dem Gottgesandten‹, würden Kinder einst sagen ›Theodor Fritsch hat mitgeholfen, das deutsche und durch das deutsche Volk die arische Menschheit zu erlösen‹.
Braucht es noch Zeugen für die Bedeutung von Fritsch als Ahnherrn des Nationalsozialismus?«[34]
Mit der Übernahme des Verlages von Ernst Schmeitzner verfügte Fritsch über die notwendigen Voraussetzungen zum Vertrieb von Schriften, insbesondere der seit dem Oktober 1885 erscheinenden *Antisemitischen Korrespondenz*; in ihr sollten alle antisemitischen Richtungen zu Wort kommen können; organisatorisch wurden sie zusammengefaßt in der 1886 gegründeten »Deutschen Antisemitischen Vereinigung«.
Neue Ideen entwickelte Fritsch nicht, aber er brachte beinahe noch nachdrücklicher und vor allem hartnäckiger als seine Vorgänger den Rassenstandpunkt in die Diskussion und identifizierte sich in konsequenter Verfolgung dieses Gedankens wiederholt mit Ansichten von der arischen Herkunft Jesu, wie sie in dem vorliegenden Artikel der *Ostdeutschen Rundschau* zum Ausdruck kommen. Im übrigen jedoch beschränkte er sich auf Wiederholungen und Zusammenfassungen der üblichen Anschuldigungen.
In seinem *Antisemiten-Katechismus*, der bis 1893 bereits in

34. Reginald H. Phelps: Theodor Fritsch und der Antisemitismus. In: Deutsche Rundschau 87 (1961) S. 449.

der 25. Auflage erschien, gibt Fritsch unter der Überschrift »Was haben die Juden eigentlich begangen?« eine Liste der üblichen Anschuldigungen.

Als dieses Buch 1931 in der 30. Auflage erschien – seit der 27. Auflage als »Handbuch der Judenfrage« – warb Hitler dafür mit den Worten: »Das ›Handbuch der Judenfrage‹ habe ich bereits in früher Jugend in Wien eingehend studiert. Ich bin überzeugt, daß gerade dieses in besonderer Weise mitgewirkt hat, den Boden vorzubereiten für die nationalsozialistische antisemitische Bewegung. Ich hoffe, daß der dreißigsten Auflage noch weitere folgen werden und das Handbuch allmählich in jeder deutschen Familie zu finden ist.«[35]

Wenn die »Deutsche Antisemitische Vereinigung« für geraume Zeit einige Bedeutung erlangte, so war dies ausschließlich das Verdienst des Marburger Bibliotheksassistenten *Otto Böckel.*

[*Text 11*] Böckel, geboren am 2. Juli 1859 in Frankfurt a. M. als Sohn eines Architekten, studierte in Leipzig und Marburg sechs Semester neuere Sprachen, in Gießen und Heidelberg drei Semester Jura und Nationalökonomie; 1882 promovierte er zum Dr. phil. in Marburg, wo er von November 1883 bis März 1887 an der Universitätsbibliothek angestellt war. Seine erste Publikation mit dem Titel *Deutsche Volkslieder aus Oberhessen* erschien 1885; er widmete dieses Buch dem deutschen Bauernstand, dessen Verelendung er bekämpfen wollte.

Verantwortlich für dies Elend waren die Juden, eine Erkenntnis, die Böckel bei Prozessen gewann, zu denen in Not geratene und verschuldete Bauern in Begleitung »grinsender« Juden erschienen. »Der arbeitende Bauernstand«, so seine Feststellung, wird »fortwährend von einer Rasse fremder Schacherer ausgebeutet.«

Im Gegensatz zu den bekannten Antisemiten der vergangenen Jahre suchte Böckel den Erfolg nicht in den Groß-

35. Reginald H. Phelps, a. a. O., S. 442.

städten, sondern auf dem Lande, wo die »soziale Frage« »für den bedrängten hessischen Bauern die Wucher-, also die Judenfrage« war.[36] Der Schwerpunkt seiner Agitation lag in dem oberhessischen Wahlbereich Marburg-Frankenberg-Kirchhain, »einem Gebiet, das sich durch Armut seiner bäuerlichen Bevölkerung und industrielle Rückständigkeit auszeichnete«[37]. Hier zog Böckel von Dorf zu Dorf, um mit Parolen wie »Bauern! Macht euch frei vom jüdischen Zwischenhandel« und der Abhaltung »judenfreier« Märkte große Popularität zu erwerben. Welchen Anklang Böckel fand, beschreibt Hellmut von Gerlach, der Gegenkandidat Böckels bei den Reichstagswahlen 1898 und 1903:

»Meilenweit kamen sie zu seinen Versammlungen gewandert. Beehrte er einen judenfreien Viehmarkt mit seiner Gegenwart, so wurde er von berittenen Bauernburschen eingeholt. Girlanden waren über die Straßen gespannt, die Mütter hielten ihre kleinen Kinder hoch und sagten zu ihnen: ›Seht euch den Mann an, das ist unser Befreier!‹ Ein paar Jahre hindurch war er in Wahrheit der Bauernkönig Hessens.«[38]

1887 erhielt Böckel als erster Antisemit einen Sitz im Reichstag, den er erst 1903 wieder verlor, kurz bevor für die Abgeordneten die Diäten eingeführt wurden. Verbittert zog er sich nach Michendorf in der Mark zurück. Allein auf die Einkünfte als Schriftsteller angewiesen, lebte Böckel in bitterer Armut; wiederholt erschienen in einigen Zeitungen Aufrufe für eine Böckelspende.

Von allen fast völlig vergessen starb Böckel am 17. September 1923.

Böckel hatte gezeigt, wie man als Antisemit Wahlen gewinnen konnte; sein Beispiel machte Schule: 1890 erhielten die Antisemiten im Reichstag 5 Sitze, 1893 sogar 16. Hellmut von Gerlach, lange Zeit selber Antisemit und von daher mit den führenden Antisemiten jener Zeit persönlich bekannt,

36. Kurt Wawrzinek, a. a. O., S. 65.
37. Paul W. Massing, a. a. O., S. 84.
38. zitiert nach Paul W. Massing, a. a. O., S. 84.

sagte von ihnen: »Unter den antisemitischen Führern habe ich nur wenig wirklich anständige Leute kennengelernt, und die, deren Charakter ohne Makel war, waren wissenschaftlich so ungebildet, daß mich die Empörung packte, als ich Gelegenheit hatte, sie aus der Nähe zu betrachten. Demagogen waren sie alle, die einen wider besseres Wissen, die anderen infolge mangelnden Wissens.«[39]

Seit 1898 nahm die Zahl der antisemitischen Abgeordneten jedoch wieder stetig ab; eine Ausnahme bildete nur die Wahl von 1907. »Mit dem Jahre 1911«, so Willi Buch in seiner 1937 erschienenen Darstellung *50 Jahre antisemitische Bewegung – Beiträge zu ihrer Geschichte*, »hatte der parteipolitische Antisemitismus eigentlich ausgespielt«; politische Erfolge konnte er nicht vorweisen. Und noch einmal Buch:

»Wenn die antisemitische Bewegung jedoch bis zum Jahre 1923 kein weiteres Verdienst aufzuweisen hat, so doch mindestens das eine, daß sie den Grundsatz der Rassen-Reinheit klar herausarbeitete und den Boden bereiten half, auf dem dann ein die Fehler der Vergangenheit vermeidender Mann des Volkes die Fahne des Dritten Reichs aufpflanzen konnte.«[40]

[*Text 12*] Tatsächlich können von den antisemitischen Bewegungen dieser Jahre zu dem Antisemitismus Hitlers direkte Verbindungslinien gezogen werden, eine von ihnen führt über *Georg Ritter von Schönerer* (1842–1921), der von 1873 bis 1888 und von 1897 bis 1907 dem österreichischen Reichsrat angehörte. Schönerer machte sich dabei einen Namen als Vertreter einer extrem alldeutschen und antisemitischen Bewegung. In dem Programm der deutschnationalen Antisemiten, dem sogenannten Linzer Programm, aus dem Jahre 1882, in dem die völkischen und wirtschaftlichen Leitsätze formuliert wurden, heißt es unter Punkt XII: »Zur Durchführung der angestrebten Reformen ist die

39. zitiert nach Peter G. J. Pulzer, a. a. O., S. 92.
40. Willi Buch: 50 Jahre antisemitische Bewegung. Beiträge zu ihrer Geschichte. 1937. S. 103.

Beseitigung des jüdischen Einflusses auf allen Gebieten des öffentlichen Lebens unerläßlich.«[41]

»Die 1902 von Georg Ritter von Schönerer gegründete Alldeutsche Partei für Österreich und Böhmen interessierte ihn [Hitler] bereits seit seiner Linzer Schulzeit, in der er eifrig die alldeutsch-antisemitischen Linzer Fliegenden Blätter las.«[42] In seiner Wiener Zeit soll Hitler selbst sich wiederholt als »mit Leib und Seele Schönerianer« bezeichnet haben. Er folgte damit wohl dem Vorbild seines Vaters, der ebenfalls als Schönerianer und entschiedener Antisemit galt.

Georg Ritter von Schönerer, den Hitler im Vergleich mit dem ebenfalls antisemitischen Wiener Bürgermeister Lueger als den »bessere[n] und gründlichere[n] Denker in prinzipiellen Fragen« bezeichnete[43], darf mit Recht zu jenen Menschen gezählt werden, die »den jungen Hitler auf den Weg zum aktivistischen Antisemitismus geführt« haben.[44]

41. Das Programm der deutschnationalen Antisemiten (Linzer Programm). In: Reden des Reichsrathsabgeordneten Georg Ritter von Schönerer. Horn 1896. S. 85.

42. Werner Maser: Die Frühgeschichte der NSDAP – Hitlers Weg bis 1924. Frankfurt a. M. u. Bonn 1965. S. 92.

43. Adolf Hitler: Mein Kampf. 1941. S. 107.

44. Werner Maser, a. a. O., S. 97.

IV. Antisemitische Texte aus den Jahren 1879 bis 1896

1. Otto Glagau: Antisemitismus als Lösung der sozialen Frage

Für den Arbeiter dagegen bedeuten Gewerbefreiheit und Freizügigkeit nur, daß er sich die Beschäftigung und den Ort wählen darf, wo er verhungern mag. Seine eigentliche »Freiheit« ist die Vogelfreiheit, gegen welche die Sklaverei des Altertums, die Leibeigenschaft der Neuzeit Wohltaten waren, denn der Leibeigene wie der Sklave hatten das Recht, von ihrem Herren Nahrung und Obdach zu fordern. Die Sozialdemokratie ist die natürliche Tochter, der rebellierende Bastard der Großindustrie; in den Fabrikdistrikten wachsen die revolutionären Massen empor, welche den Bestand der ganzen Gesellschaft bedrohen. Ihre Lehrer und Erzieher sind die Hebräer Marx und Lassalle, welche die Arbeiter zum tödlichen Haß gegen die Arbeitgeber entflammen, welche ohne Ende gegen das Kapital und seine Herrschaft eifern, aber nie erwähnen, daß fast alles Kapital sich bereits in den Händen der Juden befindet und daß die gräßliche Ausbeutung des Volkes weit weniger durch die Großindustrie als durch Schacher und Wucher, Börsen- und Gründungsschwindel, Münzoperationen und Banknotenfabrikationen geschieht. Juden und Judensprossen sind die Leiter und Berater der deutschen Sozialdemokraten, der russischen Nihilisten und der Roten Internationale, sind tätig als deren Agenten und Missionare, schreiben deren Blätter und Broschüren, unterstützen diese revolutionären Gesellschaften offen und heimlich mit Geldmitteln. Das Jobbertum[1] kokettiert mit dem Sozialismus und Kommunismus, benutzt sie als Werkzeug und sucht an ihnen Schutz

1. Bezeichnung für Aktienspekulation.

für Zeiten der Gefahr. Auch Herr Schulze aus Delitzsch[2] hat als »König im sozialen Reich« bereits abdanken und seinen Thron dem jüdischen Fortschrittsmann Max Hirsch[3] abtreten müssen. Dieser organisierte Ende 1869 den großen Streik der Waldenburger Bergarbeiter in Schlesien, zu welchem die »Liberalen« 26 000 Taler beisteuerten, und im August 1872 den Streik in der Pflugschen Waggonfabrik zu Berlin, für welchen aber nur noch 2000 Taler an »liberalen« Unterstützungsgeldern eingingen. Max Hirsch gründete die »Deutschen Gewerkvereine« und ließ sich zum »Verbandsanwalt« derselben ernennen, ist aber selbstverständlich für Gewerbefreiheit, Freizügigkeit und »freien Arbeitskontrakt«. Die Gewerkvereine, für welche auch Professor Brentano[4] sich begeistert und die angeblich ein Gegengewicht bilden sollen gegen die Sozialdemokraten, aber nur den Hohn derselben erregen, stehen ganz auf manchesterlichem Boden und dienen nur dazu, Gesellen und Meister auseinanderzuhalten, den Unfrieden zwischen ihnen zu nähren.
[. . .]
Die Gewerbefreiheit steht nicht im Dienste der Arbeit, sondern des Kapitals. Auf den Gräbern der Handwerkszünfte erhebt sich die Großindustrie. Wie die Landwirtschaft ist, nach Ansicht der Manchesterleute, auch das Handwerk hinter dem Jahrhundert zurückgeblieben und darum unrettbar

2. Hermann Schulze-Delitzsch (1808–83) gründete zur Lösung der sozialen Frage Selbsthilfeorganisationen wie z. B. Kranken- und Sterbekasse der Schuhmacher, ferner Verkaufs-, Konsum- und Kreditgenossenschaften (Volksbanken); Schulze-Delitzsch war Mitbegründer der Fortschrittspartei.

3. Max Hirsch (1852–1905), seit 1864 Mitglied des ständigen Ausschusses der deutschen Arbeiterbildungsvereine, gründete zusammen mit Franz Duncker und Schulze-Delitzsch Gewerkvereine in Anlehnung an die englischen Trade-Unions. Hirsch glaubte, die Lage der Arbeiter innerhalb des kapitalistischen Systems verbessern zu können, den Klassenkampf lehnte er ab; von 1869 bis 1893 war Hirsch Mitglied des Reichstags (Fortschritt und Freisinn).

4. Lujo Brentano (1844–1931), Wirtschaftshistoriker, setzte sich mit seinem Buch »Die Arbeitergilden der Gegenwart« (2 Bde. 1871/72) für die Arbeiter ein (Lohnerhöhung, Arbeitszeitverkürzung); war Mitbegründer des »Vereins für Sozialpolitik«.

verloren. Tatsächlich haben in Berlin und anderwärts Hunderte von verstorbenen Handwerkern noch nach dem Tode für bankrott erklärt werden müssen; selbst im Grabe fanden diese Unglücklichen nicht Ruhe; ihre Namen wurden an die Konkurstafel geschlagen, damit ihre Familien vor den Gefahren der »Erbschaft« bewahrt blieben. Aber dies ist nur der Anfang des Prozesses, den Kapital, Arbeitsteilung, Maschinenbetrieb erzeugen: nach dem Kleingewerbe kommt die Fabrikindustrie an die Reihe. Auch die kleineren Fabriken werden von den großen verschlungen, weil sie auf die Dauer mit diesen nicht konkurrieren können. Nach dem Krach, nach der siebenjährigen Krisis[5] ist die Zahl der reichen, selbst der wohlhabenden Fabrikanten sehr zusammengeschmolzen. Schon stehen viele Fabrikanten gleichfalls vor dem Bankrott; ihre Warenbestände häufen sich an, denn die Nachfrage stockt, und um die fälligen Zahlungen zu decken, schlagen sie ihre Waren oft unter dem Selbstkostenpreise los; entweder müssen sie die Arbeitslöhne immer tiefer herabdrücken oder die Fabrik schließen. So bleiben nur noch die Großfabrikanten und die großen Aktiengesellschaften übrig, welche das ganze Geschäft an sich reißen, die Branche schließlich allein beherrschen, sich dann miteinander verständigen und nun die Preise der Fabrikate wie die Löhne der Arbeiter einfach diktieren. Dies ist die unvermeidliche Entwicklung der Gewerbefreiheit und der »freien Konkurrenz«. Die »freie Konkurrenz« ist der größte Schwindel des 19. Jahrhunderts; denn sie ist der Kampf des Bewaffneten mit dem Unbewaffneten, des Riesen mit dem Kinde. Die Manchesterlehre von der »freien Konkurrenz« ist aber auch im höchsten Grade unsittlich, denn sie privilegiert die rohe Gewalt und Übermacht des Unternehmers, sie sanktioniert die Beraubung, die Ausnutzung des Arbeiters. Das Kapital ist in der Tat »angesammelte Arbeit«, aber nicht eigene, sondern fremde Arbeit. Was Tausende und Zehntausende im Schweiße ihres Angesichts und unter

5. Gründerkrach; vgl. S. 18 u. 20.

harten Entbehrungen erwerben, sammelt sich in den Händen einzelner an, geht mehr und mehr in den Besitz von Juden und Judengenossen über.
[...]
Die soziale Frage ist wesentlich Judenfrage.

2. Wilhelm Marr: Gegen religiösen Antisemitismus – Antisemitismus als Kampf ums Dasein

Es muß hier gleich auf die Tatsache hingewiesen werden, daß die Juden von Anfang an, wo sie in der Geschichte auftreten, bei allen Völkern ohne Ausnahme verhaßt waren.
Nicht ihrer Religion wegen, denn die Juden – wenigstens den Propheten zufolge – verstanden es im Altertum ausgezeichnet, der Abgötterei anderer Völker sich anzuschließen, wie denn überhaupt das s. g. »starre Judentum« erst ein Produkt der Zeit nach der Zerstörung Jerusalems geworden ist.
Die generelle Feindschaft gegen die Juden hatte andere Gründe. Erstens in der Scheu der Juden vor wirklicher Arbeit. Zweitens: in ihrer gesetzlich vorgeschriebenen Feindschaft gegen alle Nichtjuden.
[...]
Wie blödsinnig die religiöse Seite dieses Hasses war, erhellt schon daraus, daß man die Juden verantwortlich für die Kreuzigung Christi machen wollte; eine Prozedur, welche bekanntlich die römischen Autoritäten, dem Geschrei eines jerusalemitischen Pöbels feige nachgebend, in Szene gesetzt hatten. Jener jüdische Pöbel zu Christi Zeiten hat ja nicht mehr und nicht weniger getan, als der Pöbel aller Zeiten, aller Völker stets getan hat, noch tut und stets tun wird. Heute »Hosianna!« und morgen »Kreuzige!« schreien. Aber es liegt einmal in der Menschennatur, daß sie die Vorsehung, die Religion immer behelligt, wenn sie Dummheiten

oder Niederträchtigkeiten begehen will. Man hat sich fast noch nie in Kriegen gegenseitig erwürgt, ohne zuvor hüben und drüben die Götter oder unsern Herrgott anzurufen und ihnen oder ihm die Ehre der Bundesgenossenschaft aufzudrängen, und so mußten denn auch Gott und die Religion herhalten bei allen Judenverfolgungen, während in Wahrheit diese letztern doch nichts waren als das Ringen der Völker und ihres Instinktes gegen die realistische Verjudung der Gesellschaft, als ein Kampf ums Dasein.

Ja! wenn wirklich einzelne fanatische Juden im Mittelalter beim Passahfest – »Christenkinder geschlachtet« hätten – wenn solche hirnverbrannten Vorfälle sich ereignet hätten, was historisch nicht nachweisbar ist, so wären dies keine andern Abscheulichkeiten, als es die Verbrechen überhaupt sind, und berechtigten durchaus nicht zu einem generellen religiösen Haß. So wenig wie dies die Unflätereien gewisser pietistischer Sekten gegen das Christentum vermögen.

Gegen jede »religiöse« Verfolgung nehme ich somit die Juden unbedingt in Schutz, und ich glaube, es ist in dieser Hinsicht kaum möglich, sich deutlicher auszusprechen, als ich es hier getan habe.

Dagegen betone ich folgende unumstößlich feststehende Tatsache:

In den Juden ist dem Abendlande durch die Römer ein Volksstamm aufgedrungen worden, der, seiner eigenen Geschichte zufolge, bei allen Völkern des Orients aufs gründlichste verhaßt war. –

Die Juden sind also nicht als Eroberer mit dem Schwerte zu uns gekommen.

Sie wurden von den Römern als politische Gefangene in die abendländische Welt hinein – »interniert«, und zwar derartig, daß sie die Freiheit der Wahl der Niederlassung hatten und in den Städten ihre Sitze unter einer Kontrolle standen, in den s. g. »Ghettos« (Judenviertel).

Nichts ist natürlicher, als daß die Juden ihre Unterjocher und Wegführer aus der Heimat hassen mußten. Nichts natürlicher, als daß dieser Haß durch einen beinahe zwei

Jahrtausende langen Druck und Verfolgung im Abendlande anschwellen mußte. Nichts natürlicher, als daß die Juden in der Verbannung und indirekten Gefangenschaft im Abendlande noch gehässiger wurden, als sie es im Orient waren. Nichts natürlicher, als daß sie mit dem ihnen angebornen Talent der Schlauheit und Überlistung, als »gefangen« einen Staat im Staate, eine Gesellschaft in der Gesellschaft bildeten. Der jüdische Partikularstaat setzte im Abendlande den Krieg mit List fort, den er mit ausrottenden Waffen im Morgenlande gegen die Völker geführt hatte, wo er der Stärkere war.

Es war dies einfach ein natürliches Recht der Juden. Man kann von dem Unterdrückten nicht Milde statt Trotz erwarten und am wenigsten Aufrichtigkeit von einem Volke, dessen Gesetz nicht im Hinhalten der rechten »Backe« besteht, wenn man die linke schlägt. »Auge um Auge, Zahn um Zahn«, sagt der Jehovanismus. War das Kriegsrecht der Strenge gegen ein solches Volk, nachdem man einmal den großen politischen Fehler begangen hatte, es in die abendländische Gesellschaft gewaltsam hineinzuzwingen, berechtigt, so war der zähe Widerstand der Juden ebenfalls ihr natürliches Recht, und die staunenswerte Zähigkeit und Ausdauer der Semiten hat es dahin gebracht, daß sie im 19. Jahrhundert die erste Großmacht des Abendlandes in der Gesellschaft geworden sind und daß namentlich in Deutschland das Judentum nicht in dem Germanentum aufgegangen ist, sondern umgekehrt das Germanentum im Judentum. Aufgegangen bis zu dem Grade, daß die Stimmführer des deutschen Patriotismus, der »Reichsfreundlichkeit«, die Stimmführer unserer parlamentarischen, ja kirchlichen Kämpfe – Juden sind. –

[. . .]

Es läßt sich nun durchaus nicht leugnen, daß der abstrakte, geldindustrielle und Schachergeist der Juden zum Emporblühen des Handels und der Industrie in Deutschland viel beigetragen hat. Das Interesse und nicht das Ideal baut die Staaten, und stellen wir uns das Interesse als eine Persönlichkeit dar, so sind seine Mittel zum Zweck in den seltensten Fällen lauter und edel.

Despotische Fürsten im steten Kampf mit einem despotischen und raubsüchtigen Adel, ein Bauer, der sich vom Negersklaven kaum durch etwas anderes als die Farbe der Haut unterschied, ein Bürgertum, welches bis in die Zeiten der Kreuzzüge hinein noch sehr fragmentarisch, beinahe problematisch war. So stellte sich die germanische Gesellschaft dar, während in Italien, Frankreich und Spanien die Kultur bereits blühte.

In dieses wirre, täppisch-germanische Element drang das glatte, listige, elastische Judentum ein; mit seiner ganzen realistischen Begabung intellektuell, d. h. was die Intelligenz der Schlauheit betrifft, wohl geeignet, auf das Germanentum hinabzublicken, den monarchischen, ritterlichen, deutschen Tolpatsch zähmend, indem es seinen schlechten Leidenschaften behülflich war.

[...]

Halt! lieber Leser, knirsche nicht vor Zorn. Du hast kein Recht dazu. Die Fremdherrschaft ist uns aufgedrungen. 1800 Jahre hat der Kampf gegen die jüdische Herrschaft, die ihren biblischen Traditionen faktisch nie untreu geworden ist, gedauert. Unsägliche äußere Leiden hat das semitische Volk ertragen. Du hast es roh gemißhandelt, selten aber geistig bekämpft. Aus schwachen Anfängen ist es Dir über den Kopf gewachsen, hat die ganze Gesellschaft in ihren Anschauungen korrumpiert, hat jeden Idealismus aus der Gesellschaft hinausgedrängt, hat in Handel und Wandel die maßgebendste Stellung, dringt immer mehr in die Staatsämter ein, regiert die Theater, bildet eine sozialpolitische Phalanx und hat Dir fast nichts mehr übriggelassen als die rauhe Handarbeit, die es von jeher gescheut hat; hat das Talent zum prasselnden Virtuosentum, hat die Kupplerin Reklame zur Göttin der öffentlichen Meinung gemacht und – beherrscht Dich heute. [...]

Ihr knirscht auf der germanischen Bärenhaut, ich neige mich in staunender Bewunderung vor diesem semitischen

Volke, das uns den Fuß auf den Nacken gesetzt hat, und raffe den letzten Rest von Lebenskraft zusammen, um resigniert in der jüdischen Knechtschaft, als einer, der sich nicht ergeben, der nicht um »Pardon« bitten will, möglichst ruhig zu sterben.

[...]

Es war von Anfang an kein religiöser, es war ein Kampf ums Dasein, der mit der Fremdherrschaft des Judentums geführt wurde, dessen Charakter aber erst jetzt zum klaren Bewußtsein gekommen ist.

[...]

Der germanische Staat zersetzt sich also in rapidester Weise weiter, und bricht die von uns vorhergesehene Explosion aus, dann hat der Staat keine Ursache, die Juden vor dem »ardor civium«[6] besonders zu schützen. Wie schon unzählige Male in der Geschichte wird das brutale »Hepp-Hepp«[7] zu einem »Sicherheitsventil« für den Staat werden.

3. *Adolf Stoecker: Die Juden als Fremdkörper im Staate*

1. Rede

Die Judenfrage ist schon lange eine brennende Frage; seit einigen Monaten steht sie bei uns in hellen Flammen. Sie zehrt nicht vom religiösen Fanatismus, auch nicht von politischer Leidenschaft. Orthodoxe und Freigeister, Konservative und Liberale reden und schreiben über dieselbe mit gleicher Heftigkeit; sie alle behandeln das Judentum nicht als einen Zankapfel konfessioneller Unduldsamkeit, sondern als einen Gegenstand sozialer Besorgnis. Die soziale

6. Volkswut.

7. zum ersten Mal bei den Judenverfolgungen vom Jahre 1819 in Würzburg, Frankfurt a. M., Karlsruhe, Hamburg usw. vernommener Spottruf mit dem Zusatz: »Jud verreck«. Hep gilt als Abkürzung von »Hierosolyma est perdita« = Jerusalem ist verloren.

Frage ist die Judenfrage – schreibt Glagau. Wählt keinen Juden! – ruft W. Marr in einer dritten Broschüre, nachdem er in der ersten vom »Sieg des Judentums über das Germanentum«, in der zweiten von »dem jüdischen Kriegsschauplatz« berichtet hatte. Finis Germaniae, zu deutsch: Das Ende Deutschlands ist gekommen – schließt er in höchster Erregung seinen Aufruf an unser Volk. Nun, so nahe glauben wir das Sterben des deutschen Geistes noch nicht.

[...]

Es ist ja doch jedem Einsichtigen klar genug, daß die Herrschaft des semitischen Geistes über uns nicht bloß unsere geistige, sondern auch unsere wirtschaftliche Verarmung bedeutet. Der Deutsche ist ein starker Idealist; eine Zeitlang erträgt er es schon, daß man seinen Hang zu den Ideen benutzt, um dahinter ein Geschäft zu machen. Aber zuletzt wird doch die Figur Nathans des Weisen, die Lessing in christlicher Menschenliebe erfunden hat, hinter der Shylocks[8] verschwinden und das warnende Urteil über das Judentum, das unsere besten Männer: Kant, Fichte, Herder, gehabt haben, seine Kraft beweisen. Die Juden sind und bleiben ein Volk im Volke, ein Staat im Staate, ein Stamm für sich unter einer fremden Rasse.

Alle Einwanderer gehen zuletzt in dem Volke auf, unter welchem sie wohnen; die Juden nicht. Dem germanischen Wesen setzen sie ihr ungebrochenes Semitentum, dem Christentum ihren starren Gesetzeskultus oder ihre Christusfeindschaft entgegen. Wir können sie darum nicht verurteilen; solange sie Juden sind, können sie gar nicht anders. Aber wir müssen uns mit klarer Erkenntnis vor den Gefahren schützen, die in einer solchen Vermischung liegen. Allein in Berlin wohnen 45 000 Juden, soviel wie in ganz Frankreich, wie in ganz England. Das ist zu viel. Wenn sie wirklich mit uns verbunden wären, hätte die Zahl nichts Bedenkliches. Aber da jenes halbe Hunderttausend eine in sich geschlossene Gemeinschaft bildet, in guten Verhältnis-

8. in Shakespeares »Kaufmann von Venedig« ein geldgieriger, rachsüchtiger und grausamer Jude.

sen, in steigender Macht, mit einer sehr profitablen Verstandeskraft ausgerüstet, ohne Teilnahme für unsere christlich-germanischen Interessen, so liegt darin eine wirkliche Gefahr. Wir nähern uns dem polnischen Mischungsverhältnis. Nur daß die Berliner Juden viel reicher, klüger, einflußreicher sind als die polnischen Israeliten. In ihrem Besitz sind die Geldadern, Bank und Handel; in ihren Händen ist die Presse, und unverhältnismäßig drängen sie sich zu den höheren Bildungsanstalten. Das letzte ist gewiß ein schöner Zug; mir ist es oft rührend gewesen, wie arme Juden Hab und Gut hingaben, um ihren Kindern eine gute Bildung zu geben. Aber diese Entwicklung ist doch durchaus unheilvoll. Wir sind auf dem Wege, daß die öffentliche Meinung von den Juden völlig beherrscht, die Arbeit von ihnen völlig ausgebeutet wird. Der Auflösungsprozeß ist im Gange; nichts hält uns davon zurück, wenn wir nicht umkehren und Israel zur Umkehr veranlassen. Und hier stellen wir unsere dritte Forderung[9]: Das moderne Judentum muß an der produktiven Arbeit teilnehmen. Bitte, etwas mehr Gleichheit! Früher hieß es, die Emanzipation werde die Juden mehr in die andern Erwerbszweige treiben. Nun sind sie emanzipiert; es ist aber das Gegenteil eingetreten. Noch mehr als früher kultivieren sie die Erwerbszweige, bei denen leicht und viel verdient wird. Seit kurzem drängen sie sich auch, nicht zum Heil der Rechtsprechung, in die Richterkollegien. An der Arbeit der Handwerker sind sie fast gar nicht, an der Fabrikation wenig beteiligt. Daraus folgt, daß sie an der Arbeit keine Freude, für die deutsche Arbeitsehre keine Sympathie haben. Die Devise »billig und schlecht« kommt zum guten Teil auf ihre Rechnung. Sie sind überall da, wo es Not und Spekulationslust zu benut-

9. Gegenüber dem Anspruch des Judentums, daß »alle die hohen Ideen, auf denen die sittliche Weltordnung beruht [. . .] dem Judentum entstammen« (Stoecker, S. 8) stellte Stoecker seine erste Forderung: »Ein klein wenig bescheidener«. Gegenüber dem angeblichen Haß gegen alles Christliche in der »jüdischen Presse« lautete Stoeckers zweite Bitte: »Ein klein wenig toleranter« (Stoecker, S. 14).

zen gilt. Gründen, Wuchern sind Geschäfte, die sie unleugbar mit Vorliebe treiben. Sie ernten gern, wo sie nicht gesäet haben. Wenn die große soziale Frage die Frage ist nach dem rechten Verhältnis zwischen Arbeits- und Kapitalertrag, dann ist eine Tätigkeit, welche die Arbeit im Interesse des Kapitals maßlos und systematisch ausbeutet, das schlimmste Element dieser Frage.

Es ist wahr, die Juden haben durch Marx und Lassalle dafür gesorgt, daß sie auch in der Sozialdemokratie ihre Freunde haben; die Nihilisten in Rußland sind zum Teil Juden. Trotzdem hat ihre einseitige Geldwirtschaft auch für sie drohende Gefahren. Für mich gipfelt die Judenfrage in der Frage, ob die Juden, welche unter uns leben, lernen werden, sich an der gesamten deutschen Arbeit, auch an der harten sauren Arbeit des Handwerkes, der Fabrik, des Landbaues zu beteiligen. Weiter sollen wir von ihnen nichts verlangen.

[...]

Die Frage ist nur: was soll geschehen?

[...]

Rückkehr zu mehr germanischem Rechts- und Wirtschaftsleben, Umkehr zu christlichem Glauben; so wird unsere Losung lauten. Dann tue jeder seine Pflicht, und Gott wird helfen.

[...]

2. Rede

Gern hätte ich die Aufregung einer zweiten Diskussion über die Judenfrage vermieden, aber ich habe versprochen, daß wir auf den wichtigen Gegenstand noch einmal zurückkommen würden; auch die Israeliten, welche an der ersten Versammlung teilnahmen, haben eine Wiederholung der Verhandlung gewünscht: so komme ich denn heute ihrem Wunsche und meinem Versprechen nach.

[...]

Ich bin von einem anständigen Juden gefragt, was ich eigentlich mit meinem Angriff gegen das moderne Judentum bezwecke. Meine Antwort ist die, daß ich in dem zügellosen Kapitalismus das Unheil unserer Epoche sehe und deshalb naturgemäß auch durch meine sozial-politischen Anschauungen ein Gegner des modernen Judentums bin, in welchem jene Richtung ihre hauptsächlichen Vertreter hat. Aber nie würde ich daran gedacht haben, gegen bloß volkswirtschaftliche Irrtümer aufzutreten, wenn nicht mit denselben diese frivole Hetzjagd gegen alle christlichen Elemente unseres Volkslebens verbunden wäre. Der Jammer um mein Volk, das dabei sittlich und religiös zu Grunde geht, treibt mich, diese Bosheit in die Öffentlichkeit zu ziehen und den Kampf gegen dieselbe aufzunehmen. Was hilft es, das Schlechte auf der Kanzel zu bekämpfen, unter welcher die Schreiber und Leser jener Presse sich nicht versammeln, oder in konservativen Zeitungen einen Schmerzensschrei auszustoßen, welchen jene Seelenmörder belachen, ihre Opfer nicht hören! Dagegen ist eine Volksversammlung noch immer die geeignete Walstatt, um den Kampf mit den Volksverderbern aufzunehmen. Daß ich dazu ein gutes Recht habe, sagt mir mein Gewissen; daß es dazu die höchste Zeit ist, vielleicht noch nicht zu spät, aber wirklich die letzte Stunde, sagt mir die sittlich-religiöse Verwirrung der Gegenwart. Unrecht möcht ich niemandem tun; die, welche mir vorwerfen, daß ich als Geistlicher, als Hofprediger Zwietracht säe, möchte ich fragen, ob Abwehr der Schande Aussaat von Zwietracht ist. Jene Artikelschreiber und Possenreißer sind die Säeleute des Hasses, nicht wir, die wir ohne Haß im Herzen – das weiß Gott! – vor ihnen unsere Kirche schützen möchten. Das sind entartete Juden – sagt man –, und es ist ein Unrecht, das ganze Judentum für diesen Abschaum verantwortlich zu machen. Aber wer denkt daran? Was ich vom modernen Judentum sage, will ich wahrlich nicht auf die einzelnen Individuen angewandt wissen.

Es gibt viele Juden, die Respekt vor unserem Glauben, Achtung vor dem germanischen Charakter, Teilnahme an unserem Volkswohl haben; es gibt viele Juden, die wahr im

Wort, treu im Versprechen, redlich im Geschäft, gar keinen Anlaß zur Klage bieten – ich selbst kenne solche, achte und liebe sie. Aber der Begriff »modernes Judentum« bedeutet eben die Summe der hervorstechenden Züge, nicht die Vorzüge einzelner Persönlichkeiten; es ist mir unverständlich, wie man jenes Wort anders hat auffassen können. Man redet doch von »Germanentum« und weiß, daß manche Germanen keine Spur davon an sich tragen; man spricht von dem »heutigen Christentum« und denkt nicht an alle einzelnen Christen. Nur in diesem Sinne habe ich das moderne Judentum verstanden; aber in diesem Sinne ist es in der Tat jene Erscheinung, wie ich sie gezeichnet habe, ohne Bescheidenheit, ohne Toleranz, ohne soziale Gleichheit. Auch betriebsam, nüchtern, intelligent, bildungsdurstig ist es; durch das Festhalten an der Familienpietät und der alten religiösen Tradition eng verbunden. Gern will ich diese Tugenden hervorheben; aber ich kann es nicht leugnen, daß bei der Verehrung der eigenen Religion diese Zerstörung der fremden einen doppelt schauerlichen Eindruck macht. Man wird mir einwenden, daß es nicht bloß jüdische Schriftsteller sind, die Gift und Galle gegen das Christentum speien, daß die elendsten Skribenten vielleicht unter den verlorenen Söhnen unserer Kirche gesucht werden müssen. Ich gebe dies zu. Trotzdem bleibt es richtig, daß die Eigentümer aller jener Blätter, welche Christentum, Kirche und Geistliche lästern, Juden sind. Aber wie ein schlechter Kuppler vor Gott und Gewissen für alles Verderben verantwortlich ist, das unter seinen Augen sich vollendet, so trägt auch der Eigentümer einer Zeitung die moralische Rechenschaft für alle Unzucht der Sprache, die in seinem Blatte ihre Schande treibt. Mögen die edlen Juden ihren unedlern Glaubensgenossen zu verstehen geben, daß es sich nicht schicke, die Heiligtümer einer Nation zu verachten, unter deren Flügeln sie Schutz und Recht genießen.
Wenn ein Freund, der aus israelitischem Blut stammt und jetzt ein gläubiger Christ ist, mir schreibt, daß die Hauptschuld an diesem Überhandnehmen der gottlosen Presse der

elende Zustand der Christenheit selbst trage, ihre Gott- und Kraftlosigkeit, ihr Aber- und Unglaube – so ist das unzweifelhaft richtig, und ich habe gerade dies oft genug in den Versammlungen der christlich-sozialen Arbeiterpartei ausgesprochen.

[...]

Es ist doch wahrlich kein Frevel, zu wünschen, die Juden möchten, soweit es ihre körperliche Beschaffenheit erlaubt, dieselbe Arbeit tun wie ein Deutscher, möchten Schneider und Schuhmacher, Fabrikarbeiter und Diener, Mägde und Arbeiterinnen werden. Ihre Zahl ist in Berlin zu groß, als daß sie sich von der groben Arbeit fernhalten könnten. Sonst kommt es dahin, daß sie je länger, je mehr Arbeitgeber werden, dagegen die Christen in ihrem Dienste arbeiten und von ihnen ausgebeutet werden; ein Zustand, der unserer nationalen wie geistigen Stellung nicht würdig ist. Heutzutage ist Geld Macht. Ich gönne den Israeliten jedes Maß von redlich erworbenem Reichtum, aber ich finde ihren Einfluß auf unser öffentliches Leben unberechtigt. Sie gebrauchen ihre Macht zur Zerstörung des christlichen Volksbewußtseins. Schon jetzt sitzen sie übermächtig in den Bezirksvereinen, in der Stadtverordnetenversammlung; wie soll das werden, wenn es so weitergeht? Ich glaube in der Tat, daß das beste Teil des deutschen Geistes verwelkte, wenn die Israeliten durch ihr Geld gleichsam die neue Aristokratie eines verjudeten Berlin, eines verjudeten Deutschland würden. Nur die Furcht vor dieser Perspektive drängt mich zum offenen Aussprechen des sozialen Mißverhältnisses, in welchem Israel und Deutschland stehen. Es ist natürlich den Juden sehr unangenehm, wenn diese Dinge zur Sprache kommen; merkwürdigerweise sind auch viele Getaufte in Berlin schon so verjudet, daß sie das Aufdecken unseres Schadens wie eine Gewalttat beklagen. Trotzdem ist nur auf diesem Wege eine Besserung möglich.

Auf den Berliner Gymnasien sind 1488 Israeliten bei 4764 protestantischen Schülern; also 5 Prozent der Bevölkerung, aber 30 Prozent der Besucher höherer Schulen. Ein solcher

Trieb nach sozialer Bevorzugung, nach höherer Ausbildung verdient an sich die höchste Anerkennung; nur bedeutet er für uns einen Kampf um das Dasein in der intensivsten Form. Wächst Israel in dieser Richtung weiter, so wächst es uns völlig über den Kopf. Denn man täusche sich nicht; auf diesem Boden steht Rasse gegen Rasse und führt, nicht im Sinne des Hasses, aber im Sinne des Wettbewerbes einen Rassestreit. Dagegen verwahrt sich freilich das Judentum mit allen Kräften; es will als völlig deutsch gelten und weist von allen Gedanken meiner ersten Rede am meisten den zurück, daß es ein Volk im Volke, ein Staat im Staate, ein Stamm in einer fremden Rasse sei. Dennoch ist dies der Ausdruck tatsächlicher Verhältnisse. Ist Israel durch die »Alliance Israélite«[10] auf der ganzen Erde zu sozialpolitischem Wirken verbunden, so ist es ein Staat im Staate, international innerhalb der Nation. Ist Israel in seinem Erwerbsleben isoliert, nimmt es an unserem Landbau gar nicht, an unserem Handwerk wenig Anteil, so ist es ein Volk im Volke. Israel hat noch heute religiöse Satzungen, die es von den andern Völkern absondern; die orthodoxen Israeliten glauben sich zu verunreinigen, wenn sie mit Christen zusammen essen, sie haben ihre besonderen Schlächter und ihre Speisegesetze. Nun, aber dann sind sie doch gewiß eine fremde Rasse, wenn sie die christlichen Deutschen und ihre Mahlzeiten für unrein achten.

Ich glaube, daß man bei der Judenfrage gerade diesen letzten Punkt allzusehr übersieht; derselbe beweist, daß Israel in der Tat ein fremdes Volk ist und nie mit uns eins werden kann, außer wenn es sich zum Christentum bekehrt.

10. Alliance Israélite Universelle; 1860 in Paris gegründeter Verein, der überall für bürgerliche Gleichstellung der Juden eintreten will sowie den Leidenden und Verfolgten helfen möchte.

4. *Heinrich von Treitschke: Nationalismus und Antisemitismus*

15. November 1879

... Unter den Symptomen der tiefen Umstimmung, welche durch unser Volk geht, erscheint keines so befremdend wie die leidenschaftliche Bewegung gegen das Judentum. Vor wenigen Monaten herrschte in Deutschland noch das berufene »umgekehrte Hep-Hep-Geschrei«. Über die Nationalfehler der Deutschen, der Franzosen und aller anderen Völker durfte jedermann ungescheut das Härteste sagen; wer sich aber unterstand, über irgendeine unleugbare Schwäche des jüdischen Charakters gerecht und maßvoll zu reden, ward sofort fast von der gesamten Presse als Barbar und Religionsverfolger gebrandmarkt. Heute sind wir bereits so weit, daß die Mehrheit der Breslauer Wähler – offenbar nicht in wilder Aufregung, sondern mit ruhigem Vorbedacht – sich verschwor, unter keinen Umständen einen Juden in den Landtag zu wählen; Antisemitenvereine treten zusammen, in erregten Versammlungen wird die »Judenfrage« erörtert, eine Flut von judenfeindlichen Libellen überschwemmt den Büchermarkt. Es ist des Schmutzes und der Roheit nur allzuviel in diesem Treiben, und man kann sich des Ekels nicht erwehren, wenn man bemerkt, daß manche jener Brandschriften offenbar aus jüdischen Federn stammen; bekanntlich sind seit Pfefferkorn und Eisenmenger[11] die geborenen Juden unter den fanatischen Judenfressern

11. Johannes P. Pfefferkorn (1469 – um 1522), von Geburt Jude, trat 1505 zum Christentum über. Sein Lebensziel war die Bekehrung aller Juden zum Christentum und die Vernichtung aller jüdischen Literatur; verfaßte eine Reihe antisemitischer Schriften wie den »Judenspiegel« (1507), die »Judenbeichte« (1508), den »Judenfeind« (1509). In der letzteren Schrift versuchte er vor allem die Christenfeindschaft der Juden nachzuweisen. In seinem 1512 veröffentlichten Pamphlet »Brantspiegel« forderte Pfefferkorn schließlich die totale Vernichtung der Juden.
Johann Andreas E. Eisenmenger (1654–1704) verfaßte ein umfangreiches polemisches Werk gegen das Judentum, das erst nach seinem Tode erschien. Es handelt sich um eine Sammlung von Skandalgeschichten, die teils Mißverständnisse, teils auch Fälschungen enthält.

immer stark vertreten gewesen. Aber verbirgt sich hinter diesem lärmenden Treiben wirklich nur Pöbelroheit und Geschäftsneid? Sind diese Ausbrüche eines tiefen, lang verhaltenen Zornes wirklich nur eine flüchtige Aufwallung, so hohl und grundlos wie einst die teutonische Judenhetze des Jahres 1819? Nein, der Instinkt der Massen hat in der Tat eine schwere Gefahr, einen hochbedenklichen Schaden des neuen deutschen Lebens richtig erkannt; es ist keine leere Redensart, wenn man heute von einer deutschen Judenfrage spricht. Wenn Engländer und Franzosen mit einiger Geringschätzung von dem Vorurteil der Deutschen gegen die Juden reden, so müssen wir antworten: Ihr kennt uns nicht; Ihr lebt in glücklicheren Verhältnissen, welche das Aufkommen solcher »Vorurteile« unmöglich machen. Die Zahl der Juden in Westeuropa ist so gering, daß sie einen fühlbaren Einfluß auf die nationale Gesittung nicht ausüben können; über unsere Ostgrenze aber dringt Jahr für Jahr aus der unerschöpflichen polnischen Wiege eine Schar strebsamer hosenverkaufender Jünglinge herein, deren Kinder und Kindeskinder dereinst Deutschlands Börsen und Zeitungen beherrschen sollen; die Einwanderung wächst zusehends, und immer ernster wird die Frage, wie wir dies fremde Volkstum mit dem unseren verschmelzen können. Die Israeliten des Westens und des Südens gehören zumeist dem spanischen Judenstamme an, der auf eine vergleichsweise stolze Geschichte zurückblickt und sich der abendländischen Weise immer ziemlich leicht eingefügt hat; sie sind in der Tat in ihrer großen Mehrzahl gute Franzosen, Engländer, Italiener geworden – soweit sich dies billigerweise erwarten läßt von einem Volke mit so reinem Blute und so ausgesprochener Eigentümlichkeit. Wir Deutschen aber haben mit jenem polnischen Judenstamme zu tun, dem die Narben vielhundertjähriger christlicher Tyrannei sehr tief eingeprägt sind; er steht erfahrungsgemäß dem europäischen und namentlich dem germanischen Wesen ungleich fremder gegenüber.

Was wir von unseren israelitischen Mitbürgern zu fordern haben, ist einfach: sie sollen Deutsche werden, sich schlicht

und recht als Deutsche fühlen – unbeschadet ihres Glaubens und ihrer alten heiligen Erinnerungen, die uns allen ehrwürdig sind; denn wir wollen nicht, daß auf die Jahrtausende germanischer Gesittung ein Zeitalter deutsch jüdischer Mischkultur folge. Es wäre sündlich zu vergessen, daß sehr viele Juden, getaufte und ungetaufte, Felix Mendelssohn, Veit, Riesser u. a. – um der Lebenden zu geschweigen – deutsche Männer waren im besten Sinne, Männer, in denen wir die edlen und guten Züge deutschen Geistes verehren.
Es bleibt aber ebenso unleugbar, daß zahlreiche und mächtige Kreise unseres Judentums den guten Willen, schlechtweg Deutsche zu werden, durchaus nicht hegen. Peinlich genug, über diese Dinge zu reden; selbst das versöhnliche Wort wird hier leicht mißverstanden. Ich glaube jedoch, mancher meiner jüdischen Freunde wird mir mit tiefem Bedauern Recht geben, wenn ich behaupte, daß in neuester Zeit ein gefährlicher Geist der Überhebung in jüdischen Kreisen erwacht ist, daß die Einwirkung des Judentums auf unser nationales Leben, die in früheren Tagen manches Gute schuf, sich neuerdings vielfach schädlich zeigt. Man lese die Geschichte der Juden von Graetz[12]: welche fanatische Wut gegen den »Erbfeind«, das Christentum, welcher Todhaß grade wider die reinsten und mächtigsten Vertreter germanischen Wesens, von Luther bis herab auf Goethe und Fichte! Und welche hohle, beleidigende Selbstüberschätzung! Da wird unter beständigen hämischen Schimpfreden bewiesen, daß die Nation Kants eigentlich erst durch die Juden zur Humanität erzogen, daß die Sprache Lessings und Goethes erst durch Börne und Heine für Schönheit, Geist und Witz empfänglich geworden ist! Welcher englische Jude würde sich je unterstehen, in solcher Weise das Land, das ihn schützt und schirmt, zu verleumden? Und diese verstockte Verachtung gegen die deutschen Gojim[13] ist keines-

12. Heinrich Graetz (1817–91), jüdischer Historiker, der eine 11bändige »Geschichte der Juden von den ältesten Zeiten bis zur Gegenwart« (1853 ff.) schrieb.
13. Nichtjuden.

wegs bloß die Gesinnung eines vereinzelten Fanatikers. Keine deutsche Handelsstadt, die nicht viele ehrenhafte, achtungswerte jüdische Firmen zählte; aber unbestreitbar hat das Semitentum an dem Lug und Trug, an der frechen Gier des Gründer-Unwesens einen großen Anteil, eine schwere Mitschuld an jenem schnöden Materialismus unserer Tage, der jede Arbeit nur noch als Geschäft betrachtet und die alte gemütliche Arbeitsfreudigkeit unseres Volkes zu ersticken droht; in tausenden deutscher Dörfer sitzt der Jude, der seine Nachbarn wuchernd auskauft. Unter den führenden Männern der Kunst und Wissenschaft ist die Zahl der Juden nicht sehr groß; um so stärker die betriebsame Schar der semitischen Talente dritten Ranges. Und wie fest hängt dieser Literatenschwarm unter sich zusammen; wie sicher arbeitet die auf den erprobten Geschäftsgrundsatz der Gegenseitigkeit begründete Unsterblichkeits-Versicherungsanstalt, also daß jeder jüdische Poetaster jenen Eintagsruhm, welchen die Zeitungen spenden, blank und bar, ohne Verzugszinsen ausgezahlt erhält.

Am gefährlichsten aber wirkt das unbillige Übergewicht des Judentums in der Tagespresse – eine verhängnisvolle Folge unserer engherzigen alten Gesetze, die den Israeliten den Zutritt zu den meisten gelehrten Berufen versagten. Zehn Jahre lang wurde die öffentliche Meinung in vielen deutschen Städten zumeist durch jüdische Federn »gemacht«; es war ein Unglück für die liberale Partei und einer der Gründe ihres Verfalls, daß grade ihre Presse dem Judentum einen viel zu großen Spielraum gewährte. Der notwendige Rückschlag gegen diesen unnatürlichen Zustand ist die gegenwärtige Ohnmacht der Presse; der kleine Mann läßt sich nicht mehr ausreden, daß die Juden die Zeitungen schreiben, darum will er ihnen nichts mehr glauben. Unser Zeitungswesen verdankt jüdischen Talenten sehr viel; grade auf diesem Gebiete fand die schlagfertige Gewandtheit und Schärfe des jüdischen Geistes von jeher ein dankbares Feld. Aber auch hier war die Wirkung zweischneidig. Börne führte zuerst in unsere Journalistik den eigentümlich schamlosen Ton ein, der über das Vaterland so von außen her, ohne jede Ehrfurcht abspricht, als gehöre man selber gar nicht mit dazu, als schnitte der Hohn gegen Deutschland nicht jedem einzelnen Deutschen ins tiefste Herz.

Dazu jene unglückliche vielgeschäftige Vordringlichkeit, die überall mit dabeisein muß und sich nicht scheut, sogar über die innern Angelegenheiten der christlichen Kirchen meisternd abzuurteilen. Was jüdische Journalisten in Schmähungen und Witzeleien gegen das Christentum leisten, ist schlechthin empörend, und solche Lästerungen werden unserem Volke in seiner Sprache als allerneueste Errungenschaften »deutscher« Aufklärung feilgeboten! Kaum war die Emanzipation errungen, so bestand man dreist auf seinem »Schein«; man forderte die buchstäbliche Parität in allem und jedem und wollte nicht mehr sehen, daß wir Deutschen denn doch ein christliches Volk sind und die Juden nur eine Minderheit unter uns; wir haben erlebt, daß die Beseitigung christlicher Bilder, ja die Einführung der Sabbatfeier in gemischten Schulen verlangt wurde.

Überblickt man alle diese Verhältnisse – und wie vieles ließe sich noch sagen! – so erscheint die laute Agitation des Augenblicks doch nur als eine brutale und gehässige, aber natürliche Reaktion des germanischen Volksgefühls gegen ein fremdes Element, das in unserem Leben einen allzu breiten Raum eingenommen hat. Sie hat zum mindesten das unfreiwillige Verdienst, den Bann einer stillen Unwahrheit von uns genommen zu haben; es ist schon ein Gewinn, daß ein Übel, das jeder fühlte und niemand berühren wollte, jetzt offen besprochen wird. Täuschen wir uns nicht: die Bewegung ist sehr tief und stark; einige Scherze über die Weisheitssprüche christlich-sozialer Stump-Redner genügen nicht, sie zu bezwingen. Bis in die Kreise der höchsten Bildung hinauf, unter Männern, die jeden Gedanken kirchlicher Unduldsamkeit oder nationalen Hochmuts mit Abscheu von sich weisen würden, ertönt es heute wie aus einem Munde: »Die Juden sind unser Unglück!«

Von einer Zurücknahme oder auch nur einer Schmälerung

der vollzogenen Emanzipation kann unter Verständigen gar nicht die Rede sein; sie wäre ein offenbares Unrecht, ein Abfall von den guten Traditionen unseres Staates und würde den nationalen Gegensatz, der uns peinigt, eher verschärfen als mildern. Was die Juden in Frankreich und England zu einem unschädlichen und vielfach wohltätigen Elemente der bürgerlichen Gesellschaft gemacht hat, das ist im Grunde doch die Energie des Nationalstolzes und die festgewurzelte nationale Sitte dieser beiden alten Kulturvölker. Unsere Gesittung ist jung; uns fehlt noch in unserem ganzen Sein der nationale Stil, der instinktive Stolz, die durchgebildete Eigenart, darum waren wir so lange wehrlos gegen fremdes Wesen. Jedoch wir sind im Begriff, uns jene Güter zu erwerben, und wir können nur wünschen, daß unsere Juden die Wandlung, die sich im deutschen Leben als eine notwendige Folge der Entstehung des deutschen Staates vollzieht, rechtzeitig erkennen. Da und dort bestehen jüdische Vereine gegen den Wucher, die im stillen viel Gutes wirken; sie sind das Werk einsichtiger Israeliten, welche einsahen, daß ihre Stammesgenossen sich den Sitten und Gedanken ihrer christlichen Mitbürger annähern müssen. Nach dieser Richtung ist noch viel zu tun. Die harten deutschen Köpfe jüdisch zu machen ist doch unmöglich; so bleibt nur übrig, daß unsere jüdischen Mitbürger sich rückhaltslos entschließen, Deutsche zu sein, wie es ihrer viele zu ihrem und unserem Glück schon längst geworden sind. Die Aufgabe kann niemals ganz gelöst werden. Eine Kluft zwischen abendländischem und semitischem Wesen hat von jeher bestanden, seit Tacitus einst über das odium generis humani[14] klagte; es wird immer Juden geben, die nichts sind als deutsch redende Orientalen; auch eine spezifisch jüdische Bildung wird immer blühen, sie hat als kosmopolitische Macht ihr gutes historisches Recht. Aber der Gegensatz läßt sich mildern, wenn die Juden, die so viel von Toleranz reden, wirklich tolerant werden und einige Pietät zeigen gegen den

14. Haß gegen das Menschengeschlecht.

Glauben, die Sitten und Gefühle des deutschen Volks, das alte Unbill längst gesühnt und ihnen die Rechte des Menschen und des Bürgers geschenkt hat.
Daß diese Pietät einem Teile unseres kaufmannischen und literarischen Judentums vollständig fehlt, das ist der letzte Grund der leidenschaftlichen Erbitterung von heute. –
Ein erfreulicher Anblick ist es nicht, dies Toben und Zanken, dies Kochen und Aufbrodeln unfertiger Gedanken im neuen Deutschland. Aber wir sind nun einmal das leidenschaftlichste aller Völker, obgleich wir uns selbst so oft Phlegmatiker schalten; anders als unter krampfhaften Zukkungen haben sich neue Ideen bei uns noch nie durchgesetzt. Gebe Gott, daß wir aus der Gärung und dem Unmut dieser ruhelosen Jahre eine strengere Auffassung vom Staate und seinen Pflichten, ein gekräftigtes Nationalgefühl davontragen.

15. Dezember 1879

Als ich die letzte tagespolitische Übersicht der [Preußischen] Jahrbücher mit einigen Bemerkungen über das deutsche Judentum abschloß, hegte ich keineswegs den Ehrgeiz, irgend etwas Neues zu sagen. Ich führte vielmehr nur einige Gedanken näher aus, welche ich schon vor acht Jahren in der vierten Auflage meiner historischen und politischen Aufsätze ausgesprochen habe. Die Bemerkung über das umgekehrte Hephep-Geschrei unserer Zeitungen, welche heute so viel Zorn erregt, findet sich schon dort; das Wiederholen gehört nun einmal zu den leidigen Pflichten des Publizisten. Meine Absicht war lediglich, zu zeigen, daß nicht bloß Roheit, Neid, nationale und religiöse Vorurteile an jener Bewegung schuld sind, welche heute unverkennbar unser gutmütiges Volk ergriffen hat, sondern daß der wachsende Übermut eines Teiles der deutschen Juden selbst in den Schichten der Nation, welche an der vollzogenen Emanzipation kein Jota ändern wollen, schwere Besorgnis und einen tiefen Unwillen hervorgerufen hat, dessen stetiges Anwachsen jeder nüchterne Beobachter unseres Volkslebens schon seit Jahren bemerken konnte.

Wenn gleichwohl meine einfachen Worte einen Sturm von erbitterten Erklärungen heraufbeschworen haben, so wird damit nur bewiesen, daß die deutsche Judenfrage, deren Dasein man abzuleugnen sucht, in der Tat vorhanden ist. Allen diesen Erwiderungen gemeinsam ist die vollendete Selbstgerechtigkeit; in keiner wird auch nur die Frage aufgeworfen, ob die Haltung des Judentums selber nicht vielleicht doch einige Mitschuld trägt an dem Unfrieden des Augenblicks.

[...]

Wer auch nur die Elemente unserer Wissenschaft kennt, muß sofort einsehen: es ist rein undenkbar, daß ein zweitausendjähriger Kampf auf der einen Seite nur Grausamkeit, Herrschsucht, Habgier, auf der anderen nur duldende Unschuld aufweisen sollte. Die Frage läßt sich gar nicht abweisen: warum haben so viele edle, hochbegabte Nationen die gemeinen, ja – ich scheue das Wort nicht – die diabolischen Kräfte, die in den Tiefen ihrer Seele schlummerten, grade an dem jüdischen Volke, und nur an ihm, ausgelassen? Die Antwort ist einfach. Das Judentum bewegte sich seit seiner Zerstreuung über die Welt in einem unlösbaren inneren Widerspruche; es erlag dem tragischen Schicksal einer Nation ohne Staat. Die Juden wollten immer unter dem Schutze abendländischer Gesetze leben, von dem Verkehre des Abendlandes Vorteile ziehen und beanspruchten doch eine streng abgesonderte Nation zu sein. Eine solche Haltung steht aber in so schneidendem Gegensatze zu der harten Notwendigkeit der Staatseinheit, daß sie stets neue Kämpfe hervorrufen mußte.

> Romanas autem soliti contemnere leges
> Judaicum ediscunt et servant ac metuunt jus[15] –

dieser Vorwurf des Juvenals klingt in den mannigfachsten Formen durch die gesamte neuere Geschichte hindurch.

[...]

15. Die römischen Gesetze aber pflegten sie zu verachten,
Das jüdische Recht lernen und beachten und fürchten sie.

Auf deutschem Boden ist für eine Doppel-Nationalität kein Raum. An der tausendjährigen Arbeit deutscher Staatenbildung haben die Juden bis auf die allerneueste Zeit herab gar keinen Anteil genommen. Auch in den drei großen Epochen geistigen Schaffens, welche den Charakter unserer Kultur bestimmten, in der Blütezeit mittelalterlicher Dichtung, im Reformationszeitalter, in der klassischen Literaturepoche spielten die Juden entweder keine oder eine untergeordnete Rolle. Als sie zuerst anfingen in Staat und Literatur bei uns etwas zu bedeuten, fanden sie die Fundamente germanischer Gesittung längst gesichert vor, und für sie wie für den doch wohl nicht minder begabten Stamm der eingewanderten Franzosen ergab sich die Notwendigkeit sich zu germanisieren. Viele von ihnen sind seitdem als deutsche Gelehrte und Künstler, als Träger deutscher Bildung zu verdientem Ansehen gelangt.

Herr Graetz und die ihm gleichen gehen andere Wege. Doch unsere öffentliche Meinung beginnt endlich wachsam zu werden. Nur noch wenige Jahre, und sie wird so weit erstarkt sein, daß jene Schimpfreden wider den »germanischen Ur-Mob«, welche heute durch die jüdische Presse gehen, in Deutschland ebenso unmöglich werden, wie sie in England schon längst undenkbar sind.

10. Januar 1880

[...] Ich sagte: wir wollen nicht, daß auf die Jahrhunderte germanischer Gesittung ein Zeitalter deutsch-jüdischer Mischkultur folge. Breßlau[16] wirft mir ein, unsere Gesittung sei bereits eine Mischkultur. Das scheint mir ein Spiel mit Worten. Allen modernen Völkern ist die Gedankenarbeit vergangener Jahrtausende zum Stab und zur Stütze gegeben. Unsere deutsche Gesittung fließt, wie Breßlau richtig bemerkt, aus den drei großen Quellen: des klassischen Altertums, des Christentums und des Germanentums; doch

16. Harry Breßlau (1848–1926), Historiker. Beantwortete die Vorwürfe Treitschkes mit seiner Schrift: »Zur Judenfrage. Sendschreiben an Herrn Prof. Dr. Heinrich von Treitschke« (Berlin 1880).

ist sie darum durchaus nicht eine Mischkultur, sondern wir haben die klassischen wie die christlichen Ideale mit unserem eigenen Wesen so völlig verschmolzen, daß sie uns in Fleisch und Blut übergegangen sind. Wir wollen aber nicht, daß zu diesen drei Kulturmächten noch das neujüdische Wesen als eine vierte hinzutrete; denn was im Judentum dem deutschen Genius zusagt, das ist schon längst durch die Vermittlung des Christentums in unsere Gesittung aufgenommen worden. Wir wollen dies nicht; denn wir haben schon einmal bitter genug erfahren, daß der neujüdische Geist, wenn er sich dem unseren selbständig gegenüberstellt, unser Volk auf Abwege führt.

5. Gottlieb A. Schüler: Religiöser Antisemitismus als Grundlage des nationalen und sozialen Antisemitismus

Von allen Seiten ist die »Judenfrage« betrachtet worden – noch nicht eingehend vom Standpunkte des evangelisch-christlichen Glaubens. Und doch kann nur von diesem Gesichtspunkte aus die »Judenfrage« recht beantwortet werden. Denn die Stellung des Volkes Israel zu Christus und dem Evangelium hat über seine Stellung auf Erden von alter Zeit her entschieden. Die Judenfrage ist deshalb in erster Linie eine religiöse Frage und fordert vor allem aus lebendiger Erkenntnis Gottes und Seiner Wege eine religiöse Lösung. Auch die heutige Stellung der Juden unter den Völkern und in der Gesellschaft kann nur aus der Stellung der heutigen Juden zu Christus begriffen werden, wie ebenso die heutige Stellung des deutschen Volkes zu den Juden aus seiner heutigen Stellung zu Christus. So muß die »Judenfrage« zuerst als religiöse Frage verstanden sein, wenn sie als nationale und soziale Frage gründlich verstanden werden soll.
[...]
Gottes Bestimmung ist, daß es verschiedene Völker, ver-

schiedene Volkspersönlichkeiten gibt, wie verschiedene Persönlichkeiten unter den Menschen. Durch diese Bestimmung offenbart Gott Seinen Willen, daß diese Volksarten ihre Eigentümlichkeit erhalten. Jede Volkspersönlichkeit mit ihren besonderen Kräften und Gaben soll ihre Eigenart in Gott, ihrem Schöpfer, bewahren vor Bösem und Unwahrem und dieselbe entwickeln. [...]
Zur Erhaltung dieser Eigenart und Einheit hat Gott jedem Volke auch einen besonderen Wohnsitz, gleichsam ein besonderes Wohnhaus gegeben. Diesen Wohnsitz, sein Vaterland, soll deshalb jedes Volk ebenso als Gabe Gottes, als von Gott ihm zugewiesenes Eigentum treulich schützen; denn die Erde ist des Herrn, und was darin ist.
[...]
Israel hatte eine Aufgabe erhalten vor allen Völkern für alle Völker. Es hatte diese Gnade mit Füßen getreten. So war seine Strafe, daß es als Volk von Gott aufgehoben und durch alle Völker zerstreut wurde. Dieses Volk, das vor allen Völkern allen Völkern ein Segen sein sollte, soll nun ein Schauspiel werden aller Völker.
[...]
Das abgefallene Israel sollte alle Völker lehren – wohin der Abfall von Christus führt, daß der alttestamentliche Gott lebt – der heilige und gerechte Gott!
[...]
Wir sehen, es hat also kein christliches Volk das Recht, die Juden aus seinen Grenzen zu treiben und aus seiner Mitte zu stoßen, in welche Gott sie gesetzt hat, oder auch nur sie mit Verachtung oder Spott zu behandeln.
Aber allerdings ein christliches Volk, das seine Aufgabe an Israel erfüllt hätte, das sich frei wüßte von Schuld gegen die Juden, weil es in heiliger Buße und heiliger Liebe Christum vor ihm dargelebt hätte – dürfte und müßte Israel, wo dasselbe seinerseits seine Aufgabe nicht unter dem christlichen Volk erfüllt, namens Gottes mit allem Ernst auf seine Aufgabe hinweisen und zu derselben anhalten, wenn auch nicht ausstoßen. Auch mit allen Mitteln des Gesetzes

und ernster Zucht, alle Störung der von Gott gegebenen Aufgabe des christlichen Volkes, in dessen Mitte Israel lebt, zurückweisen und Gott-widrige Eingriffe der Juden einschränken, wäre Pflicht.

[...]

Insbesondere hat das deutsche Volk eine große Aufgabe an Israel. Denn gibt es auch im »neuen Bunde« kein auserwähltes Volk, weil alle Völker Träger des alten und neuen Buntes werden sollen, so ist doch das deutsche Volk durch seinen Wohnsitz im Herzen Europas, seine Begabung, seine Macht unter den Völkern, seine Verbreitung überallhin, seinen geistigen Einfluß unter den christlichen Völkern ganz besonders berufen, Christum und die Offenbarung überall lebendig zur Geltung zu bringen. Und so auch in Israel. Es ist deshalb auch merkwürdig, daß gerade unter diesem Volk die Juden in besonders großer Zahl wohnen und zu bedeutendem Einflusse gelangt sind.

[...]

Israel glaubt, auf diese Weise sich frei zu machen von der Unterwerfung unter alle Völker, daß es alle Völker durch den Mammon sich unterwirft. Auch, als Volk von Gott aufgehoben, erhebt es sich wieder als Volk, wenn es über alle Völker Herr ist und seiner Vereinigung nun keine Hindernisse mehr im Wege stehen, sondern es einen Judenbund (israelitische Allianz) über die Erde bildet. Seine steigende Gier nach Mammon durch die Jahrhunderte zeigt seine Geschichte. Es spottet so der Gerichte Gottes über seinen Abfall und denkt sie zu vernichten. Da es Gott verloren hat, ist es vom Teufel gefunden worden. Und in Teufelsdienst glaubt es, die Herrschaft über die Welt wiedergefunden zu haben. Aber es verliert sich selbst in bleibende Verstockung und damit in bleibendes Verderben.

[...]

Je mehr sich Israel von Gott entfernt und Ihm allen Dienst als seinem Herren aufsagt, desto mehr wird es Knecht des Teufels.

So sehen wir die Juden heute vor allen Völkern mit ihren

Geistesgaben auf allen Punkten des Lebens der christlichen Völker – dem Widerchristentum, ja der Vernichtung aller Anbetung des lebendigen Gottes dienen. »Christus ist Mensch, semitischer Mensch, Einer von unseren Leuten! Und die Christen beten ihn als Gott an! Das Christentum ist eine scheußliche Menschenvergötterung, das Gegenteil des wahren Geistes!« So beschuldigt der Mörder Christi – den Herrn in dem Augenblicke, wo er in maßloser Selbstvergötterung und Weltvergötterung sich zum Herrn über alle Völker machen will und das abtrünnige Israel in Presse, Schule, im Staate, ja in der sog. christlichen Kirche, die erste Rolle spielt.

[...]

So steht das abgefallene Israel heute mit vergiftetem Dolche vor allen christlichen Völkern, um ihnen das Heiligste zu rauben: ihre Religion und ihre Freiheit, in beidem ihre Nationalität. Mit den von Gott ihm gegebenen, ausgezeichneten Gaben ausgerüstet, alle früheren Tugenden aber durch Unglauben in ihr Gegenteil verkehrt – jeder edleren Regung bar, mit einem unerhörten Hochmut, mit einer Grausamkeit ohnegleichen, das Heiligste, wie Judas, um Geld verschachernd; alle Völker deshalb in seinen Wucher verstrikkend und von den Äpfeln des Giftbaumes der Börse dieselben kosten lassend zur völligen Beraubung ihres Besitzes – ist das abgefallene Israel eine ausgezeichnete Waffe Satans, um alle sogenannten christlichen Völker zu verderben.

[...]

Nun wäre ja die Aufhebung der Schranke zwischen deutsch und Jude, die der Haß und Unglaube aufrichtet, schon sehr gut, wenn sie nur nicht eine Aufhebung der Schranke der Offenbarung des lebendigen Gottes, Jehova-Jesus, bedeutete. Denn die Schranke zwischen »Jude« und »Deutscher«, wir hörten es, hat Gott aufgerichtet – nicht zwischen der Rasse, denn das Christentum kennt weder Griechen noch Römer, noch Mann, noch Weib, noch Freie und Knechte! Rasse, Geschlecht, Stand sind keine Schranken für Seinen Segen, denn Gott will allen Sich geben, das ist, Sich ihnen offenbaren. Gott aber hat eine Schranke aufgerichtet zwischen Bös und Gut, Glaube und Unglauben, Abfall und Hingabe an Ihn. Und so hat Israel selbst eine Schranke gezogen durch seinen Abfall von Gott und der großen Mission, zu welcher dieser Gott es berufen hatte. Diese Schranke des Abfalls, welche Israel selbst aufgerichtet hat, hat Gott mit Seiner Strafe über Israel, Seinem Gerichte, befestigt und erhöht! Er hat das Volk durch alle Völker hin zerstreut und verteilt, damit diese Schranke bleibe zwischen ihm und allen diesen Völkern so lange, bis Israel sie aufzuheben bitte durch seine Rückkehr zu Gott.

[...]

Und Aufhebung der Schranke zwischen Christen und Juden, Vereinigung derselben, Verschmelzung in ein Volk, einen Staat, welche heute die Fleischesliebe und Fleischesfreiheit auf 1000 Wegen und mit 1000 Mitteln zu erstreben sucht, namentlich aber das Judentum, weil seine Strafe die Zerstreuung, Gefangenschaft aufgehoben wäre damit – kann nur auf einem einzigen Wege geschehen: Buße über den Mord Christi! Fromme, aufrichtige Juden müssen selbst anerkennen, daß ihr Volk zu Zeiten Christi von der Religion des Alten Bundes, von dem Herrn Jehova abgewichen war und der Mord Christi ein Verbrechen ist. Ebenso aber, daß die Vereinigung mit dem deutschen Volke, welche jene Untreuen anstreben, eine Aufhebung ihres eigenen Volkes wäre [...].

[...]

Da allein, wo »Christen« zu den »Mördern Christi« hinüber getreten sind und im gleichen Gegensatz zu dem Gekreuzigten und Auferstandenen stehen, wie das jüdische Volk bis heute, als solches, zu diesem Mittelpunkte des Christentums steht, ist ein Aufgeben jener Herren- und Regenten-Stellung seitens der Deutschen in ihrem eigenen Lande möglich. Die Judenemanzipation in 1848 ist aus diesem Geiste geflossen und wird in diesem Geiste verteidigt. Sie ist die Folge einer Fleischeslehre ohne Religiosität und ohne Patriotismus. Sie bezeichnet eine Etappe, einen Riesenschritt auf dem Abwege des deutschen Volkes zum Heidentum oder richtiger der Umwandlung desselben aus einem christlichen zu einem antichristlichen Volke. Aber auch einen Riesenschritt zur neuen Verfolgung der Juden, die schrecklicher sein wird als jede frühere, weil der Geist christlicher Liebe geringer geworden ist. Andererseits sehen wir hier wieder, wie der beste Schutz der deutsch-nationalen Grundrechte in lebendigem christlichen Glauben, in dem Herrn und Könige Christus liegt, der dem deutschen Volke dieses Land und in demselben die Aufgabe, Träger Seiner Offenbarung zu sein, gegeben hat. Und welcher ebenso diesem Volk den Auftrag gab, dem jüdischen Volke in Ihm Erzieher, Lehrer und Helfer zu sein durch große Liebe, heilige Duldung, lebendigen Glauben und treueste Fürsorge – nicht etwa durch gewaltsames Drängen irgendwelcher Art, auch nicht zum Glauben, durch dies alles aber »Judenmission« zu treiben.

6. H. Naudh: Abscheu vor den jüdischen Rassenmerkmalen

Noch heute spiegelt sich in dem Melonenkopf des Juden eine andere Welt ab, als in dem breiten Schädel des Deutschen. Auch fängt die Verschmelzung verschiedener Nationen immer bei der Religion an, in welcher der Volksinstinkt ganz richtig einen Ausdruck des Charakters sieht und darauf den Religionshaß begründet. Und hier zeigen sie ja durch ihr Fortbestehen als konfessionelle Juden ihren Widerstand gegen diese Verschmelzung. Oder verlangen sie, daß wir uns ihnen nähern und wissentlich und absichtlich ihnen ähnlich werden sollen, da wir uns doch vor heimlicher Ansteckung leider nicht schützen können? Sie wären dreist genug zu einer solchen Beleidigung, aber ein Vorteil würde es für sie nicht sein, unter Juden statt unter Deutschen zu leben!

Wenn die Juden aber die Möglichkeit einer Blutsvermischung behaupten, so erledigt sich damit die Frage. Der Deutsche wird seine von einer Jüdin geborenen Kinder schwerlich in die Synagoge schicken, und nur wenige deutsche Frauen werden so verloren sein, einem Juden in der Vermehrung Israels zu helfen, um täglich in ihren Kindern außer dem Vorwurf der verdorbenen germanischen Rasse noch den Ärger des unschönen Bekenntnisses zu empfinden. Diese Vermischung wäre also Sache der zukünftigen Erfahrung: wir könnten sie nicht hindern, vertrauen jedoch auf den Geschmack unseres Volkes. Mit den gegenwärtigen echten Juden aber müssen wir rechnen, so wie sie sind.

[...]

Wenn man diese ägyptische Tradition[17] berücksichtigen will, so wären die Juden entstanden aus dem Ausschuß der verschiedensten Völker; gleich den Römern hätten sie sich aus zusammengelaufenem Gesindel gebildet. Aber während nach Rom die unternehmungslustigen und kräftigsten Männer des Landes sich wendeten, war das Land Gosen[18] der Sammelplatz der Faulen, der Lasterhaften und der Aussätzigen, die sich dort der Arbeit entzogen und endlich wegen des Schmutzes und der unter ihnen herrschenden Seuchen aus dem Lande getrieben wurden. Für die letzten Eigentümlichkeiten sprechen auch die vielen von Moses eingeschärften Reinlichkeits- und Gesundheitsregeln. Daß die Ägypter nachgesetzt seien, um sie zurückzuholen, scheint jüdische Ruhmredigkeit zu sein, und die Plagen Ägyptens eine jüdische Metapher für die Leiden des Landes aus der Gegenwart der Juden.

Als Ptolemäus Phiskon sämtliche Juden Alexandriens mit ihren Söhnen und Töchtern nackt seinen Elefanten vorwarf, um sie von diesen zertreten zu lassen, da erfaßte die ver-

17. Gemeint ist die zuvor erwähnte Geschichte Ägyptens des Oberpriesters Manetho in Heliopolis (um 280 v. Chr.).

18. fruchtbare Landschaft am Nordostrand des Nildeltas, die den einwandernden israelitischen Hirtennomaden als Wohnsitz angewiesen wurde (vgl. Gen. 45,10; 46,34; 47,27 ff.).

ständigen Tiere ein solcher Ekel, daß sie sich umwendeten und ihre Entrüstung über solche Zumutung an ihren Wärtern ausließen. Die alexandrinischen Juden aber feierten den Jahrestag dieses Erfolges. Die Juden haben seitdem manchen ähnlichen Erfolg des Ekels gefeiert.

Wenn man ein Volk auf seine Zweckmäßigkeit untersucht, so ist nicht allein die geistige Anlage, sondern auch die körperliche wesentlich, und diese entspricht bei den Juden ihrem Ursprung. In dieser Beziehung besitzen sie gegenüber den germanischen Stämmen die Mängel der südlichen Rassen ohne ihre Vorzüge. Es fehlt ihnen die körperliche Kraft und das rüstige Temperament. Sie haben nicht die Fülle der Muskeln nordischer Völker, und es fehlen ihnen die straffen Sehnen der Araber. Wenn sie fleischig sind, ist das nicht eine Wirkung der stark entwickelten Muskelfaser, sondern einer Anhäufung lockeren, schwammigen Fettgewebes. Ihre Knochen sind nicht stark, wie bei den Germanen, und nicht fest, wie bei anderen Südländern. Ihr ganzes Knochengerüst ist fehlerhaft; die Brust ist nicht breit und gewölbt, die Schultern nicht gerade und flach, Hals und Kopf nicht aufrecht; der Arm ist unrichtig an der Schulter, der Oberschenkel falsch an der Hüfte eingesetzt, die Knie selten gerade, meistens einwärts und nach vorn gestellt, der Knöchel schief, der Hacken auswärts und lang, die Mittelfußknochen mehr oder weniger zum Plattfuß entwickelt und Ballen und Zehen nicht regelmäßig aufliegend.

7. Eugen Dühring: Antisemitismus als Rassenlehre

Eine Sache kann bisweilen schon durch ihren Namen einer sehr schädlichen Zweideutigkeit anheimfallen. Der natürliche und berechtigte Inhalt der Judenfrage wird unwillkürlich oder auch geflissentlich verdunkelt, wenn die Doppelbedeutung des Ausdrucks Jude dazu gemißbraucht wird, die Judenfrage fälschlich als eine um der Judenreligion willen vorhandene Angelegenheit zu kennzeichnen. Vom christlichen Mittelalter her ist die Gewohnheit bei uns eingewurzelt, in erster Linie an eine Religionsverschiedenheit denken zu lassen. Auf diese Weise ist der Ausdruck Jude fast ausschließlich eine Religionsbezeichnung geworden und die Bezeichnung eines Volksstammes von einer Rasse, die den modernen Kulturnationen so fern als möglich steht, zur Nebensache geworden.

Diejenige Art von Aufklärung, welche sich im 18. Jahrhundert vornehmlich gegen Religionsbeschränktheiten richtete und auf die Völkereigenschaften keinen Wert legte, hat ebenfalls dazu beigetragen, daß an den Juden an Stelle der Hauptsache nur die Nebensache in Betracht kam. Grade die Gebildeten sind in neuster Zeit hiedurch gewöhnt worden, im Juden nur an die religiöse Etikettierung zu denken. Da nun religiöse Dogmen vom Standpunkt der höhern Bildung immer gleichgültiger geworden sind, so hat die Frucht dieser religiösen Aufklärung darin bestanden, dem Religionsjuden seine Religion überhaupt nicht mehr anzurechnen und ihn demgemäß so zu betrachten, als wenn er ganz wäre, was wir sind, nur mit dem unerheblichen Unterschiede, daß er in die eine, wir aber in eine andere Religion hineingeboren und von ihr gleichsam etikettiert sind. Auch haben die Juden selbst sich bis auf den heutigen Tag nach Kräften angestrengt, jede Kritik und jedes Verhalten gegen sie so hinzustellen, als ginge es von religiösen Differenzen und Vorurteilen aus und als wären sie nur durch die Religion von andern Völkern verschieden. Das niedere Volk und der gewöhnliche Bürgerstand haben sich aber weder durch die Priester noch durch die Religionsaufklärer ihre natürlichen Instinkte und Gefühle gänzlich wegkünsteln lassen. Sie haben im Juden stets etwas gesehen, was ihnen, gleichviel aus welchen Gründen, mit ihrer eignen Art nicht vereinbar war. Der getaufte Jude, also der evangelische oder der katholische Jude, galt und gilt ihnen, wo sie sich und ihre Abneigung gegen die Judenart richtig verstehen, immer noch wesentlich als Jude. Diese naturwüchsige Empfindung und

dieses, auf unmittelbare Eindrücke gegründete Urteil ist aber ursprünglich durch die Priesterleitung und alsdann durch eine unzulängliche Religionsaufklärung irregeführt worden. Die Priester haben das Volk fälschlich gelehrt, sich einzubilden, daß es die Juden der abweichenden Religion wegen nicht leiden möge. Die Religionsaufklärer aber, und unter ihnen namentlich die Juden oder von jüdischer Denkweise Geleiteten, haben zu jener Fälschung des Sachverhalts das ebenfalls fälschende Gegenstück geliefert. Sie haben in Übereinstimmung mit den Priestern jede Abneigung und Maßregel gegen die Juden als etwas ausgegeben, was nur mit der jüdischen Religion zu tun hätte, und haben demgemäß aus der Pflicht zur religiösen Toleranz die Notwendigkeit gemacht, den Juden, wie er wirklich ist, mit allen seinen Eigenschaften zu ertragen und den übrigen Menschen gleichzuachten. Auf diese Weise haben das Volk und die Völker verlernt, ihre eignen Empfindungen richtig zu deuten und sich in richtiger Weise über ihren Gegensatz zum Judentum auszulassen. Selbst die höhern Geburtsstände, die doch sonst wissen wollen, was Abstammung und Blut zu bedeuten haben, sind jener Verdunkelung des Rassen- und Nationalbewußtseins anheimgefallen und haben sich gewöhnt, ihre angestammte Abneigung gegen die Juden in die Gestalt des Protestes gegen eine religiöse Spezies zu kleiden.
Die gründliche Auffassung, die im Juden nicht eine Religion sondern eine Rasse sieht, bricht aber schon entschieden durch. Nur bleibt sie noch immer von der Religionseinmischung einigermaßen entstellt. Es liegt aber im Interesse einer edlen Menschlichkeit, also einer wahren Humanität und Kultur, daß dieser Obskurantismus der Religion, welcher bisher gerade die schlimmsten Eigenschaften der Juden mit seiner Nacht gedeckt und geschützt hat, vollständig weiche, so daß uns der Jude in seiner natürlichen und unveräußerlichen Beschaffenheit offenbar werde.
Die aus der Rassennatur entwickelten Kultureigenschaften werden sich alsdann auch verstehen und bemessen lassen;

ja selbst die Religion wird alsdann nicht bloß als Spiegel anderer Eigenschaften, sondern auch selbständig eine Würdigung finden, die gar sehr von dem abweicht, was die Priester einerseits und die Religionsaufklärer andererseits an Beurteilungsarten in Umlauf gesetzt haben. Es ist aber weder tunlich noch ersprießlich, den Namen von altem wohlbekannten Klang durch eine neue Bezeichnungsart zu ersetzen. Man sage also eben auch dann, wenn man die Rasse meint, kurzweg Jude und nicht etwa Semit. Das höhere Kauderwelsch der Verbildeten ist hier nicht angebracht, wo es eine Angelegenheit gesunder Bildung und Aufklärung gilt. Überdies sind die Juden ein bestimmter Volksstamm aus der semitischen Rasse und nicht diese ganze Rasse selbst, der beispielsweise einst auch die Punier, zerstörten karthagischen Angedenkens, angehörten. Araber-Beduinen sind nicht vom Judenstamme, wohl aber Semiten. Die Juden sind überhaupt die übelste Ausprägung der ganzen semitischen Rasse zu einer besonders völkergefährlichen Nationalität. Der Ausdruck semitisch wird bei den Juden leicht zur Beschönigung, und ihn lassen sich auch die Juden lieber gefallen, als den Namen von allbekannter Tragweite und Volksverständlichkeit.

Eine Judenfrage würde daher auch existieren, wenn alle Juden ihrer Religion den Rücken gekehrt und zu einer der bei uns vorherrschenden Kirchen übergetreten wären.

[...]

Hienach liegt die Judenfrage weit weniger hinter uns als vor uns. In Rücksicht auf die Religion ist sie allerdings vorzugsweise eine Angelegenheit der Vergangenheit gewesen; in Rücksicht auf die Rasse ist sie aber ein hochwichtiger Gegenstand der Gegenwart und der Zukunft.

[...]

Der ganze Mensch und nicht irgendein Bekenntnis ist es, was im gesellschaftlichen Gemeinwesen seine Rolle spielt. Die gesamten Rasseneigenschaften bekunden sich nun in den Handlungen und müssen im geschichtlichen Gesamtverhalten wie im Tun der einzelnen studiert werden. Die

Völkercharaktere erkennen sich aus dem Lebenslauf der Völker, wie der Einzelcharakter aus dem Lebenslauf der einzelnen. Die Typen der Tiercharakter legen sich in den Sitten und Gewohnheiten der verschiedenen Tierarten dar. Die Sitten und Gewohnheiten der Menschenstämme sind das Entsprechende, jedoch auf einer höhern Stufe. Die naturwissenschaftliche Betrachtungsart ist also auch hier angebracht.

[...]

Es gibt eine Kunst, die von Natur und ursprünglich sogar fast instinktiv geübt wird – dies ist diejenige, welche dem Gemeinleben des Menschen seine Gestalt gibt. Es ist dies nicht die Staatskunst im engern modernen Sinne dieses Worts, sondern jene ganze Kunst menschlicher Geselligkeit und Gemeinschaft, auf welcher alle dauerhaften Vereinigungen zu politischen und sozialen Gesamtgebilden beruhen.

Auch in dieser Kunst sind nun die Juden, mochten sie Gelegenheit zur Bildung eines eigenen Gemeinwesens haben oder in der Zerstreuung unter andern Völkern leben, immer nur Stümper und Verderber gewesen.

[...]

Es ist bezeichnend, daß es gerade haben Juden sein müssen, die einerseits dem Besitzbürgertum und andererseits dem Arbeiterstande die zwieträchtige Parole vom Klassenbewußtsein, Klasseninteresse und Klassenhaß immer wieder von neuem vorsagten, grade als wenn hierin die politische und soziale Hauptweisheit läge und als wenn Haß und Disharmonie zwischen den verschiedenen Bevölkerungsgruppen die Hebel der erwünschten Zukunftszustände wären. Schon der jüdische Nationalökonom Ricardo[19] hat in seinem Buch über politische Ökonomie seine darin niedergelegten Studienfrüchte aus Adam Smith vornehmlich dadurch verdorben, daß er eine verzwickte zwieträchtige Vor-

19. David Ricardo (1772–1823), englischer Nationalökonom, bedeutendster Schüler von Adam Smith. Ricardo war jüdischer Abkunft, später Christ.

stellung davon einmischte, wie jede Klasse ihre Gewinne auf Kosten der andern mache. Hienach ist die soziale Ökonomie eine Kunst der Aneignung und Plusmacherei nach Gelegenheit der wirtschaftlichen Machtstellung und unter Anwendung alles Raffinements der Übervorteilung. Was Ricardo nur theoretisch tat und noch im Sinne der Bourgeoisie ausklügelte, das setzten unter dem Schein und der Firma des Sozialismus Intriganten und Agitatoren, wie die Herren Marx und Lassalle, in Szene, um mit dem giftigen Judenhaß d. h. mit dem Haß, den die Juden gegen das Menschengeschlecht hegen, beide streitende Teile zu infizieren. Den Arbeitern wurde auf deutschem Boden durch Lassalle nicht etwa bloß zugemutet, sich ein Klassenbewußtsein zuzulegen, sondern gradezu den Klassenhaß zu nähren und ihm als einem Prinzip der Befreiung einen förmlichen Kultus zu widmen. Ähnlich, nur schwächlicher, hatte sich schon Herr Marx ausgelassen, obwohl er zu Genossen seiner Intrigen Fabrikanten hatte, die ihre Arbeiter, wie beispielsweise Herr Engels, mehr von oben herab ansahen und mehr anherrschten, als es andere Bourgeois fertigbringen. Im Grunde paßt aber beides auch schönstens zusammen; denn die Aufhetzung des einen Teils mußte nach den Parolen dieser Leute zugleich eine Anstachelung des andern Teils werden. Die Verfeindung mußte gegenseitig sich steigern, da kein gemeinsamer Anhaltspunkt mehr übrigblieb. Raub und Gegenraub oder vielmehr, um das jüdisch charakteristische Schleichen nicht zu vergessen, Diebstahl und Gegendiebstahl mußten als die einzigen Verkehrsformen zwischen den beiden Klassen erscheinen. Dies war in der Tat nach dem Ebenbilde der Judenhaftigkeit entworfen. Wie die Juden sich einen auserwählten Stammesdünkel sowie einen Rassen- und Religionshaß gegen das übrige Menschengeschlecht ausgebildet haben und im Kultus dieses Hasses, zu allem Positiven ohnmächtig, eine Befriedigung suchen, so sollten auch Arbeiter und Bourgeois ihrem Vorbilde folgen. Es verschaffte der jüdischen Bissigkeit eine zeitweilige Genugtuung, am nichtjüdischen Element die angestammte und weltgeschichtlich angeschwollene Bosheit auch durch Einmischung in die soziale Frage gehörig auszulassen. So wurden alle bessern und edlern sozialistischen Ideen verzerrt und verjüdelt und die großen menschheitlichen Ziele wirklicher Sozialität von der Judenhaftigkeit zum graden Gegenteil entstellt. Der Klassenhaß, der sich gegen alles, nur nicht gegen die Judenbourgeois richten sollte, wurde kultiviert, damit die Juden ihn ausbeuten und in der gespaltenen Gesellschaft um so leichter zur Herrschaft gelangen könnten. Nun aber fährt das Rassenbewußtsein der Völker aus dem bisherigen Schlafe auf und zeigt den Juden und verjudeten Sozialdemokraten, daß es noch einen anderen größern Gegensatz gibt, als den von Arbeiter und Bourgeois. Bei der allgemeinen sozialen Frage handelt es sich für die Völkergesellschaften und deren verschiedene Schichten wesentlich um das Wie der Existenz, bei der Judenfrage aber um das Ob dieser Existenz. Jene greift nur in die Lebensweise ein, diese reicht bis in das Blut.

[...]

Das Judenrecht muß sich nach Maßgabe der Stammesbeschaffenheit richten. Mit der bekannten edlen Dreistigkeit geben sich die Juden, wie gesagt, für die »Aristokratie der Natur« aus. Wenn Mangel an Scham adeln könnte, dann freilich hätte dies seine Richtigkeit. So aber müssen wir andern Völker uns gestatten, wie seit Jahrtausenden, so auch jetzt das Umgekehrte anzunehmen und die Juden für eines der niedrigsten und mißlungensten Erzeugnisse der Natur anzusehen. Ihr Stamm ist seit Jahrtausenden die auserwählt eingefleischte Selbstsucht, und er hat nur unter steter Belästigung anderer Völker leben können. Die Ägypter sind die ersten Opfer dieser Belästigungen und Plagen gewesen. Die Juden schaffen daher erfahrungsgemäß seit vielen Jahrtausenden überall, wohin sie gelangen, eine Judenfrage. Ägypten hatte die erste Judenfrage zu lösen und hatte bei dieser Lösung viel Gold und Silber zu bedauern. Eine ähnliche Lösung der Judenfrage wie die ägyptische wäre aber bei den modernen Völkern noch übler angebracht.

Auch glaube ich nicht daran, daß die Juden, wenn sie sich wirklich auf einem Gebiet, möchte es nun eine Judenkolonie in Palästina oder eine sonstige Ansiedlung werden, vereinigen ließen, an der Erneuerung ihres aufdringlichen Nomadentums zu hindern wären. Das Nomadentum ist ihre weltgeschichtliche Lebensbedingung. Ohne dieses und allein bei sich selbst würden sie einander zur Speise werden, da ihnen diejenige anderer Völker alsdann fehlte. So etwas wie ein internierter Judenstaat bedeutete daher Ausrottung der Juden durch die Juden. Sie würden am eignen Genuß der gegenseitigen Unsozialität wieder von neuem, wie schon einst, als Staat zugrunde gehen oder vielmehr, um dem auf einige Zeit auszuweichen, unter allen Umständen wieder Mittel zu Expeditionen unter andere Völker und zur nomadisierenden Zerstreuung suchen. Sie, die den Kampf um das Dasein in seinem korruptesten und moralwidrigsten Sinne und die Ausrottung ihrer Gegner ungeniert befürworten, würden dem sichern und raschen Untergang durch sich selbst auch die ungünstigsten und rechtlosesten Schranken der Fremde vorziehen. Das alte Schauspiel des allgemeinen Hausierertums der Juden würde sich erneuern.
Wie kommt man denn aber überhaupt noch dazu, für ein selbständiges Judenreich sorgen zu wollen? Doch wohl nicht, weil man den modernen Völkern die Pflicht zumutete, positiv für das weltgeschichtliche Judenschicksal Sorge zu tragen! Man will die Juden los sein und weiß nicht, wohin mit ihnen – das ist der ganze Grund. Man vergreift sich aber hiebei ein wenig, wenn man den mit ihrem Staat seit neunzehn Jahrhunderten bankerotten Juden zu einem neuen Etablissement verhelfen will. Das hieße, die Weltgeschichte um mehrere Jahrtausende zurückschrauben und das Spiel wieder von vorn anfangen lassen. Was einen Judenstaat betrifft, so ist das Urteil der Geschichte bereits vollzogen, und es kann sich nunmehr nur noch um einen zweiten Bankerott des Judentums, nämlich um den in der Zerstreuung, handeln. Unter den modernen Völkern werden die Juden nicht ausdauern, so sehr sie sich auch in ihrem Größendünkel

schmeicheln, die Nationen noch alle zu begraben. Die Juden werden es um so weniger aushalten, je mehr wirkliche Völkerfreiheit erwächst. Die Unfreiheit der Völker ist es gewesen, vermöge deren sich der Judenrasse die Tore am leichtesten geöffnet haben. Von Fürsten und Herren, denen nur Untertanen, nicht Bürger, gegenüberstanden, wurden die Juden gegen Schutzgelder und ähnliche dauernde Geldtribute zugelassen. Was kümmerte es diese großen und kleinen Herren, daß Land und Leute verjudet wurden! Es gab ja Geld, und die geduldigen Untertanen mochten untertänigst zusehen, wie sie mit den edlen Gästen fertig würden. Hätten sie sich als Staatsbürger im eignen Namen rühren können, so würden sie für einen solchen Zuzug gedankt haben. Waren die Juden auch beispielsweise unter den Deutschen nur sogenannte Kammerknechte des Deutschen Reichs und Kaisers, und auf diese Weise ein Stück lebenden Inventars, so wurde dieses Inventar an Juden doch jene schädliche Mitgift, die sich als um so weniger erträglich herausstellt, je freier sich die politischen Verhältnisse gestalten. Der selbständige Staatsbürger wird sich gegen das regen, was einst der Untertan an unliebsamer Gesellschaft über sich ergehen lassen mußte. Sind die Volkskräfte in ihrem nationalen Bewußtsein erst gehörig emanzipiert, so ist es unmöglich, daß diese und die Juden auf demselben Boden zusammenbleiben. Das Wohin ist die eigne Sache der Juden. Vorläufig könnte aber nach praktischen Grundsätzen höchstens bei großen Gesamtverbrechen, wie bei kollektivem Landesverrat, der Fall vorkommen, ganze beteiligte Judengruppen wegzuschaffen. Dies würde aber keine Internierung, sondern eine eigentliche Deportation ergeben. Zunächst sind daher der Regel nach nur Maßnahmen in Frage, die sich im Bereiche der Gebiete der modernen Völker und meist auf demjenigen Boden vollziehen lassen, auf welchem die Juden sich jedesmal befinden.

Was den inzwischen erforderlichen modus vivendi betrifft, so ist auf dem Fuße der Gleichheit kein andauerndes Zusammenleben mit den Juden möglich, weil der fragliche

Stamm von Natur auf einer ungleichen und zwar erheblich tiefern Stufe der Begabung und Moralität steht. Hier kann auch kein geistiges Prinzip helfen; denn der Fehler ist physiologischer Art und liegt im Naturcharakter selbst. Mit Lamarckschen[20] Umwandlungen der Tierarten könnte man, selbst wenn dieses bessere Stück des zoologischen Metamorphosenzaubers wahr wäre, praktisch nicht rechnen. Die Zeiträume der Abänderung sind zu lang. Die Juden sind seit den geschichtlichen Jahrtausenden im Grundcharakter dieselben geblieben. Kein soziales System und keine Veränderung der Gesellschaft würde dieses Hauptübel wegschaffen. Die Judenselbstsucht würde nur andere Formen annehmen. Schon heute beutet sie den Sozialismus und die der verjudeten Sozialdemokratie folgenden Arbeiter für jüdische Interessen aus, und kämen die sozialdemokratelnden Juden gar zu ihrem kommunistischen Jubeljahr und hiemit an den Staatskasten, so würden sie ihre Leute schon zu plazieren und den Kommunismus auszulegen wissen. Die Habe der Völker würde diesem Kommunismus zufolge jüdisches Gemeingut. Doch ich will hier nicht wiederholen, was ich in der 3. Aufl. meiner *Geschichte der Nationalökonomie und des Sozialismus* nachgewiesen habe. Hier ist es nur wesentlich, sich über die Unverbesserlichkeit der Stammesnatur nicht irremachen zu lassen. Die aneignenden Kräfte des Kapitals sind wahrlich eine Kleinigkeit im Verhältnis zu dem, was Judenart zuwege bringt. Gäbe es auch keine Bourgeoisie, so würde das Judentum, welches jetzt seine Geschäfte durch die besitzbürgerlichen Formen begünstigt findet, die hundert andern Wege gehen, auf denen es seit Jahrtausenden heimisch ist, und überdies noch neue Wege einschlagen, die zu mehr als bloßem Ersatz führen. Die Formen sind es nicht, vermöge deren die Selbstsucht besteht, sondern umgekehrt verdirbt die Selbstsucht den Inhalt aller sozialen Formen und mischt sich in jedes System. Der So-

20. Jean Baptiste Antoine Pierre de Monet de Lamarck (1744–1829), Zoologe, brach als erster mit dem alten Artbegriff und verneinte die Unveränderlichkeit der Arten.

zialismus im bisherigen Sinne ist eine zu arge Unklarheit und viel zu ohnmächtig, um der Judenfrage gewachsen zu sein. Mit den Kapitalisten, gegen die sich der beschränkte Sozialismus und Kommunismus verrannt hat, würden die Juden noch nicht verschwinden. Der Jude als Kapitalist ist nur eine der Figuren, von denen die soziale Rolle des Judentums gespielt wird. Das Jüdische daran ist nicht die natürliche Wirkung des Kapitals, die sich ja auch bei Personen jedes andern Volkes findet. Der Angelpunkt, um den sich alles dreht, ist die Wahrheit, daß es persönliche Eigenschaften und nicht sachliche Güter sind, die den Juden zum Juden und den Ausbeuter zum Ausbeuter machen. Der Besitz an sich bringt nicht das Schlechte, wohl aber die Schlechtigkeit oft genug die Aufhäufung ungerechten Besitzes mit sich. Auf die Entstehung des Judenreichtums kann nur der das rechte Licht fallen lassen, der auch jene einfachen Wahrheiten bedenkt. Unter allen Umständen müssen wir also die Judennatur als in der Hauptsache unveränderlich zugrunde legen.

Die Juden sind nicht bloß schlecht ertragbar für andere, sondern auch für sich selbst und unter sich selbst. Der einzelne ist sich mit seiner eignen Natur mehr oder minder zur Last; die volle innere Ruhe bleibt dem Juden unbekannt. Er fühlt sich fortwährend nicht bloß im Widerspruch mit der bessern Menschheit, sondern auch mit sich selbst. Wo die innere Disharmonie sich etwa nicht vernehmlich genug ihm selbst ankündigt, da hilft der Verkehr mit seinesgleichen nach, und wo er nicht hiedurch die Eigenschaften seines eignen Ebenbildes zu genießen bekommt, da muß er wenigstens die Erinnerung daran in jeglichem Verkehr mit andern Völkern immer wieder von neuem durchkosten. So verstärkt sich im Juden die natürliche Disharmonie mit dem Menschengeschlecht zu einer geschichtlich angeschwollenen Bosheit, von welcher die Naturmitgift gewaltig übertroffen wird. Nun kehrt aber jede ungerechte Bosheit ihren Stachel auch nach innen gegen den Boshaften selbst. Das Judengemüt – wenn man überhaupt den edlen deutschen Ausdruck Gemüt für so etwas brauchen darf – befindet sich in rastloser Öde und kam beispielsweise nicht einmal bei Spinoza[21] zu einer gehörigen Einigkeit mit sich selbst. Der Ewige Jude, der nach dem Höheren und Edleren nicht aufzuschauen vermag und sich im Niedern durch die Weltgeschichte ruhelos treibt, ist das ganze Volk selbst, beladen mit dem Fluche der Natur, alle andern Völker heimzusuchen und selbst nicht sobald zur Ruhe einzugehen. Die Erlösung der Juden von sich selbst ist weltgeschichtlich durch ihren Reformator Christus vermittelst eines geistigen Prinzips versucht worden, aber mißlungen. Das Donnern ihrer früheren Propheten, die über die Juden mehr Wehe gerufen hatten als heut alle Judenverächter zusammengenommen, hatte nichts gefruchtet. Die Propheten waren von den Juden zum Teil getötet worden. Der letzte größte Reformator suchte das Mittel der Erlösung in der Selbstkreuzigung der jüdischen Lüste und Begierden und wurde dafür selbst von den Juden ans Kreuz geschlagen. Wohl wissend, daß sich die Judennatur nicht bessern lasse, ohne sie auszurotten, predigte er ein feindliches Verhalten gegen die Triebe und mutete eine Art Selbstgeißelung der Natur zu, indem er Paradoxien, wie die Feindesliebe, vorschrieb. So etwas begreift sich nur, wenn die Absicht ist, das Fleisch zu kreuzigen. Es paßte eben aber auch nur gegen die schlechte Judennatur. Andere Völker, die von besserem Fleisch und Blut sind, bedürfen keiner Selbstkreuzigung ihres Wesens durch lauter Kopfstellungen der Natur. Für das Judenfleisch ist aber eine solche Vorschrift nur zu verständlich. Jedoch haben die Juden diesen geistigen Ausweg mit Hohn zurückgewiesen. Die Kreuzigung des Judenfleisches ist von ihnen selbst und im geistigen Sinne nicht einmal versucht worden. Was bleibt also übrig, als daß andere Völker an ihnen mit andern als geistigen Mitteln

21. Baruch (Benedictus) de Spinoza (1632–77), Philosoph, entstammte einer jüdischen Familie, die von Portugal nach den Niederlanden ausgewandert war. Im Jahre 1656 wurde er aus der jüdischen Gemeinde ausgeschlossen und mit dem Bannfluch belegt wegen »schrecklicher Irrlehren«.

das vollziehen, was ihr eigner Reformator nicht vermocht hat, nämlich die Welt gründlich von allem Judenwesen zu erlösen.

[...]

Wir haben den Charakter der Judenrasse sich in seinem geschichtlichen Verhalten spiegeln lassen; wir haben die Judenselbstsucht in ihren religiösen, moralischen und ökonomischen Verkörperungen sowie die Unfähigkeit zur schöpferischen Beteiligung an Wissenschaft, Literatur und Kunst und zuletzt auch noch die unmittelbare politisch-soziale Untauglichkeit dieser zerfahrenen Rasse kennengelernt. Wir haben den ganzen Umfang gezeigt, den das Übel der Verjudung und Judenherrschaft für die modernen Völker teils schon hat, teils, wenn es nicht gehindert wird, annehmen muß. Der Größe und Zähigkeit des Übels mußte die Stärke und Nachhaltigkeit der Mittel entsprechen. Einige bloß gesellschaftliche Gegenregungen könnten wohl den Ton der heutigen Judenanmaßung für eine Zeitlang ein wenig herabstimmen, aber nichts dauernd Vorhaltendes erreichen. Wo die Rasse einmal gründlich erkannt ist, da steckt man sich von vornherein ein weiteres Ziel, zu welchem der Weg nicht ohne die kraftvollsten Mittel zu bahnen ist.

8. Erster Internationaler Antijüdischer Kongreß zu Dresden 1882: Internationaler Antisemitismus gegen Jüdische Internationale

Am 11. und 12. September fand auf Einladung von seiten der Herren:

Friedrich Carl, Reichsfreiherr von Fechenbach-Laudenbach, Königl. Bayr. Kämmerer und Major a. D. auf Laudenbach und Sommerau, Vorsitzender der Vereine zum Schutze des Handwerks und Ehrenpräsident des Westfälischen Handwerksbundes;

Dr. phil. Ernst Henrici, Tegel bei Berlin, Vorsitzender des Sozialen Reichsvereins zu Berlin;
Victor von Istôczy, Budapest, Mitglied des Ungarischen Reichstages;
Lic. theol. Gustav Koffmane, Breslau, Vorstandsmitglied des Deutschen Reform-Vereins zu Breslau;
Geza von Onody, Tisza-Eszlar, Rittergutsbesitzer, Mitglied des Ungarischen Reichstages;
Wilhelm Pickenbach, Berlin, Kaufmann, Vorsitzender des Deutschen Reform-Vereins zu Berlin;
Alexander Pinkert-Waldegg, Dresden, Chef-Redakteur, Vorsitzender des Zentralausschusses der Deutschen Reform-Partei und des Deutschen Reform-Vereins zu Dresden;
Ernst Schmeitzner, Chemnitz, Verlagsbuchhändler, Vorsitzender des Deutschen Reform-Vereins zu Chemnitz;
Rudolf Skalle, Iglau in Mähren, Industrieller, Vorsitzender des Österreichischen Reform-Vereins zu Iglau;
Hofprediger Adolf Stoecker, Berlin, Mitglied des Deutschen Reichstages und des Preußischen Abgeordnetenhauses, Präsident der christlich-sozialen Partei in Berlin;
Carl, Reichsfreiherr von Thüngen-Rossbach, auf Rossbach in Unterfranken, Rittergutsbesitzer;
Edmund Winterfeldt, Breslau, Redakteur, Vorstandsmitglied des Deutschen Reform-Vereins zu Breslau;
Ritter Carl von Zerboni di Sposetti, Wien, Redakteur, Vorstandsmitglied des Österreichischen Reform-Vereins zu Wien;
Ferdinand Ziegler, Breslau, Fabrikbesitzer, Vorsitzender des Deutschen Reform-Vereins zu Breslau;
der 1. internationale Kongreß zur vertraulichen Beratung »über die nächsten Ziele der antijüdischen Bewegung sowie über die Wege, welche zu einer wirksamen internationalen Bekämpfung der jüdischen Stellung in der hohen Finanz wie im Handel, in der Landwirtschaft wie im Handwerksleben, in der Politik wie in den kommunalen Verhältnissen, in der Presse wie in der Kunst und Wissenschaft einge-

schlagen werden müssen«, zu Dresden statt. Über 300 der Gerufenen aus Deutschland, Österreich, Ungarn und Rußland nahmen an demselben teil. Die Verhandlungen leiteten Herr Rittergutsbesitzer, Rittmeister a. D. von Bredow und Herr Abgeordneter des ungarischen Reichstages Ivan von Simonyi, und es gelangten unter deren Präsidium zur Annahme:

Zunächst das [...] von Herrn Abgeordneten des ungarischen Reichstages Victor von Istôczy verfaßte Manifest.

An die Regierungen und Völker der durch das Judentum gefährdeten christlichen Staaten!

Gleichwie im Laufe der vergangenen Jahrhunderte die Kultur, die Zivilisation, den Wohlstand und die Zukunft der europäischen christlichen Völker abwechselnd die Araber, die Tataren und die Türken bedroht haben – Völker fremder Rasse und Religion, deren Angriff und Ansturm die Waffen der europäischen christlichen Völker seinerzeit siegreich zurückschlugen: so bedroht in unsern Tagen eine andere fremde Rasse die Kultur, die Zivilisation, den Wohlstand und die Zukunft der europäischen christlichen Völker; eine fremde Rasse, die nicht minder gefährlich, ja mit Rücksicht auf ihre Mittel und Ziele, wohl noch gefährlicher ist als jene aggressiven Volkselemente. Und diese fremde Rasse ist die jüdische Rasse.
Der richtige Instinkt der europäischen christlichen Völker hat diesen geschworenen, natürlichen Erbfeind bis zu den neuesten Zeiten im Zaume gehalten, den Erbfeind, dem gegenüber einschränkende legislative Verfügungen sich als nur halbe Maßregeln und unzulängliche Schutzwaffen der christlichen Völker erwiesen haben. Dieser Zustand aber hat sich seit dem Anfang des gegenwärtigen Jahrhunderts, in den einzelnen europäischen Staaten stufenweise radikal verändert.
Die zum Siege gelangten Ideen der Französischen Revolution: die Freiheit, Gleichheit und Brüderlichkeit, haben auch vor der jüdischen Rasse die Schranken niedergerissen, wel-

che zum Schutze der christlichen Völker errichtet worden waren.
Das Prinzip der Freiheit wurde auch auf jene Rasse angewandt, deren erstes und höchstes Sinnen und Trachten überall darin besteht, die übrigen Völker durch Raffinement jeder Art in moralische und materielle Sklavenketten zu schlagen, da nach ihren religiösen und nationalen Traditionen alle diese Völker nur erschaffen sind, um ihr zu dienen.
Das Prinzip der Gleichheit wurde auch auf jene Rasse angewandt, die mit uns nicht gleich sein will, sich für ein von Gott privilegiertes Volk, die übrigen Menschen aber für niedere Wesen, für unreine Tiere hält.
Das Prinzip der Brüderlichkeit wurde auch auf jene Rasse angewandt, die uns Nichtjuden nicht einmal für ihre Nächsten, für ihre Mitmenschen anerkennt und nach deren Talmud die Nichtjuden zur Ausrottung bestimmte Feinde sind, die zu betrügen, zu bestehlen, auszupressen, in den Abgrund des Verderbens zu stoßen, gegen die falsch zu schwören, die zu entehren, ja zu ermorden, vor ihrem Gott eine angenehme Handlung ist.
Kein Wunder also, wenn der moderne Liberalismus, der sich mit den Interessen der vorwärtsstürmenden Judenschaft immer mehr identifiziert, sich den Juden gegenüber zu einem Pseudo-Liberalismus gestaltete und in den Händen der Juden diesen selbst zu einem bequemen Mittel ward, ihre Weltherrschaftspläne zu verwirklichen und die europäischen Völker in Ketten zu schlagen.
Die Juden sind zu unumschränkten Herrschern des Geldmarktes geworden; sie beherrschen die Börsen, wo sie die Preise des Geldes und der Geldwerte, der Rohprodukte und der industriellen Artikel nach Belieben bestimmen; und hiedurch sind sie es, die über den Geldbeutel des Kapitalisten über die Frucht des Schweißes des Landmannes und des Gewerbetreibenden verfügen. Sie beherrschen die Banken und überhaupt die Geldinstitute; und hiedurch sind sie die Schöpfer der fiktiven Werte, die Herren des Kredits

und des Geldumsatzes, deren Kanäle sie nach ihrem Belieben vor den eigenen Stammesgenossen eröffnen und vor den ihnen nicht genehmen Nichtjuden versperren.
Die natürliche Folge dieser Monopolisierung des Geldmarktes ist, daß der Bauer, der Großgrundbesitzer, der Fabrikant, der Handwerker, der Kaufmann usw. in materielle Abhängigkeit von den Juden geraten sind; und da auf diese Weise ihre Existenz von der Willkür der Juden bedingt wurde, so mußten sie zu deren gehorsamen Dienern, zu deren Schleppträgern werden.
Hiezu gesellt sich noch, daß die Juden bei den Banken, Eisenbahnen, Versicherungsgesellschaften usw. im öffentlichen Leben wirkende einflußreiche Männer in reichdotierten Ämtern anstellen, und diese auf solche Art Ausgehaltenen, gleichsam jüdischen Lehensträger, sind in den Gesetzgebungen und Regierungskreisen die dienstfertigsten und mächtigsten Stützen der jüdischen Macht.
Die Spitze dieser nationalökonomischen und finanziellen Pyramide bildet die Rothschildsche »Dynastie«, die zum Bankier der stets kreditbedürftigen Staaten geworden ist, ohne deren Zustimmung heute schon kaum Krieg geführt werden kann; und wenn doch ein Krieg geführt wird, so ist ihr dies nur eine neue günstige Gelegenheit, ihre Milliarden mit weiteren Milliarden vermehren und die Kapitalien der europäischen Völker – selbst durch Ausbeutung des nationalen Unglücks derselben – in den Händen der »Dynastie« und der jüdischen Rasse immer mehr konzentrieren zu können. Durch die am Marke der Völker nagenden und durch die jüdischen Geldmächte fortwährend vermehrten ungeheueren Staatsschuldenlasten sind die Regierungen einzelner verschuldeter Staaten zu bloßen Juden-Agenturen, zu jüdischen Geldeintreibungs-Organen herabgesunken. Daher die absolute Untätigkeit dieser Regierungen der Judenfrage gegenüber, ja ihr feindliches Verhalten gegen ihre eigenen Völker im Interesse der Judenschaft.
Es ist der Judenschaft gelungen, den größten Teil der periodischen Presse teils unmittelbar in ihre Hände zu bekom-

men, teils aber mittelbar für sich so zu beeinflussen, daß bis zu den neuesten Zeiten in Mitteleuropa kaum ein Blatt existiert hat, das die Wahrheit dem Judentum gegenüber auszusprechen gewagt hätte.

So sind die Juden zu unumschränkten Gebietern, zu Fabrikanten der öffentlichen Meinung geworden. Jede sich gegen sie erhebende noch so begründete Klage wird unterdrückt, jeder die Judenherrschaft scheinbar auch nur im entferntesten berührende Artikel beiseite gelegt. Sie spenden Lob und Tadel über Lebende und Tote, über Fürsten, Staatsmänner, Beamte, Gelehrte, Künstler usw., ja sogar über das Privatleben der einzelnen. Das Fortkommen der im öffentlichen Leben wirkenden Männer und die Anerkennung und Belohnung ihrer Verdienste ist von der Gewogenheit der Judenpresse bedingt, folglich muß ein jeder, der auf irgendeiner öffentlichen Laufbahn zum Ziele gelangen will, nach der Gunst der Judenpresse und somit auch nach der Gunst der Judenschaft haschen.

[...]

Hauptsächlich im Wege der Presse untergräbt das Judentum immer mehr die christliche Religion, die doch zu einer spezifischen Rassen-Religion der europäisch-arischen Völker geworden ist, und deren Zauberkreis sich kein einziges europäisch-arisches Volk hat entziehen können.

Das bezeugt die Geschichte von 18 Jahrhunderten, während welcher ganzen Zeit im Kreis der europäisch-arischen Völker keine einzige neue Religion auch nur zu entstehen vermocht hat, deren Grundlage nicht das Evangelium Christi gebildet hätte.

Es war das Christentum, das zur Römerzeit die europäisch-arische Rasse einerseits vom moralischen Bankerott und der sozialen Auflösung, andererseits aber von dem halbwilden Barbarismus errettete und dieselbe regenerierte, indem es die Zivilisation, die Kultur der europäisch-arischen Rasse auf feste religiöse, moralische und soziale Grundlagen legte.

Die christliche Religion ist die mächtigste Reaktion gegen die jüdischen Weltherrschaftstendenzen, ein unüberwindlicher Protest gegen die Überhebung der semitischen über die arische Menschenrasse, und so ist es nur zu natürlich, daß die Judenschaft ein geschworener Todfeind sowohl des Begründers dieser Religion als auch der christlichen Religion selber ist.

Da nun hienach das Judentum die Superiorität und Herrschaft seiner semitischen Rasse erst dann fest begründen kann, wenn es ihm gelungen ist, diese ihm gegenüber bestehende natürliche Reaktion zu besiegen und die Institution des Christentums zu zerstören: so bildet das Christentum den ersten und hauptsächlichsten Zielpunkt seiner Angriffe.

Da das jüdische Volk seine uralte Nomaden-Natur dem Wesen nach auch bis zum heutigen Tage behalten hat, ist ihm der Begriff des Vaterlandes unbekannt.

Als Kosmopolit bekennt sich der Jude zu dem Prinzip: Ubi bene, ibi patria[22]. Der Jude kann also kein Patriot sein, der mit Liebe, Hingebung und Selbstaufopferung an dem Boden hinge, auf dem er geboren, und der diesen Boden im Schweiße seines Angesichts bebaute. Wenn hie und da der Jude auch Landwirtschaft betreibt, so ist das nichts anderes als eine Raubwirtschaft, welche die Wälder verwüstet, die produktive Kraft des Bodens erschöpft und denselben solcherweise immer mehr steril macht. Auch bebaut er den Boden nicht; denn er selbst nimmt Pflug, Sense und Hacke nicht in die Hand, ja er läßt den Boden nicht einmal durch andere gern bebauen; er betrachtet den Grundbesitz mehr nur als Hypothek, den Landmann nur als einen durch Wucher auszubeutenden Sklaven, dessen schwerer Arbeit Frucht ihm gehört.

Die Gesetzgebungen haben den Boden befreit und den Bauer zu seinem eigenen Herrn gemacht, indem sie die Hörigkeit abschafften: und heute nach Verlauf einiger Jahrzehnte sind wir dahin gelangt, daß wir das Volk von der neuen jüdischen Hörigkeit befreien müssen, welche ärger

22. Wo es einem gut geht, da ist das Vaterland.

ist als die alte; denn der Bauer ist ein unbedingter Verpflichteter des jüdischen Wucherers und Schankwirtes, der ihn, kraft des erwirkten Lizitationsrechtes[23], zu jeder Stunde von Haus und Hof vertreiben und ihn samt seiner Familie zum Heimatlosen machen kann.
Hierin liegt eine der Hauptursachen der immer massenhafter werdenden Auswanderung nach Amerika, wodurch der Boden mittels des jüdischen Wuchers und der jüdischen Plackereien seiner fleißigen, arbeitsamen Ureinwohner beraubt wird, deren Platz nun unproduktive Schacherjuden einnehmen.
[...]
Das schon eng in sich zusammenhaltende internationale Judenvolk hat seit dem Jahre 1860 in der zu Paris konstituierten »Alliance Israélite Universelle«[24] ein internationales leitendes Hauptorgan erhalten, welches auf dem ganzen Erdenrund Filialen besitzt. Dieser angeblich bloße Wohltätigkeitsverein hat sich immer mehr den Charakter einer politischen Assoziation beigelegt, die mit den Regierungen der einzelnen Staaten eine quasi-diplomatische Fühlung unterhält, ja sogar im Jahre 1878 um den Berliner Kongreß herum schon durch seine Delegierten sich repräsentieren ließ.
Dieser politische universale Judenbund setzt das Judentum in den Stand, sein ganzes internationales Gewicht und seine ganze internationale Macht gegen die von seiten der Nichtjuden auf irgendeinem beliebigen Punkte der Erde auftauchenden Angriffe, richtiger gesagt: berechtigte Selbstverteidigungsaktionen, zu konzentrieren und jede gegen die jüdische Macht zutage tretende Widerspenstigkeit exemplarisch zu ahnden, damit es die Sklavenketten, in welche es die europäischen christlichen Völker hauptsächlich in Mittel- und Osteuropa zu schlagen verstand, immer fester zu schließen in der Lage sei.
Bei einem so besorgniserregenden und fortwährend drük-

23. Recht zur Versteigerung.
24. Siehe Anm. 10, S. 64.

kender werdenden Stande der Dinge, einerseits angesichts der großen Gefahren, mit denen die unter internationalem Oberkommando stehende jüdische Rasse den Wohlstand, die Ruhe, die Rechtssicherheit, die Kultur, die Zivilisation und die Zukunft der christlichen Völker in fortwährend gesteigertem Maße bedroht; – andererseits auch angesichts jener unverantwortlichen kalten Gleichgültigkeit, mit welcher viele Regierungen dem, von seiten ihrer Völker mit dem Judentum geführten, ungleichen sozialen Selbstverteidigungskampfe zusehen, ja sogar in manchen Staaten geradezu für die Juden Partei nehmen und den Händen ihrer eigenen Völker die Mittel des Selbstschutzes entwinden, indem sie denselben in der Judenfrage die Pressefreiheit, das Vereins- und Versammlungsrecht und das Recht der Redefreiheit verkümmern; – endlich aber durch die Überzeugung getrieben, daß in dieser Frage die Initiative zu ergreifen nunmehr eine unaufschiebbare Pflicht der Selbsterhaltung der christlichen Gesellschaft ist, und zwar ohne Nationalitäts- und Konfessionsunterschied: haben sich aus mehreren, durch das Judentum im ausnehmenden Maße bedrohten Staaten Parlamentsmitglieder, Geistliche, Offiziere, Beamte, Advokaten, Ärzte, Gelehrte, Professoren, Künstler, Journalisten, Landwirte, Fabrikanten, Handwerker, Kaufleute und andere Freunde der Sache, die sich mit dem theoretischen Studium der Judenfrage jahrelang beschäftigten und gleichzeitig diese Kalamität auch aus dem praktischen Leben in ihrer ganzen Tragweite kennen, am 11. und 12. September des Jahres 1882 zu Dresden zu einem internationalen Kongreß in großer Anzahl versammelt, wo sie die Judenfrage zum Gegenstand einer eingehenden Besprechung gemacht und unter anderem beschlossen haben, als Sachverständige an die Regierungen und Völker der durch die Juden gefährdeten christlichen Staaten hiemit einen Appell zu richten.

[...]

Die Regierungen, als die aus christlichen Mitgliedern bestehenden Räte christlicher Herrscher, fordern wir auf, daß sie dem ununterbrochen währenden und gegenwärtigen ungleichen Selbstverteidigungskampfe ihrer Völker mit dem Judentum, diesem ihrem geschworenen Feinde, keine künstlichen Hindernisse dadurch in den Weg legen, daß sie ihren Völkern in der Judenfrage die Pressefreiheit, das Vereins- und Versammlungsrecht und das Recht der Redefreiheit verkümmern, sondern im Gegenteil solange, als auf die Juden die Bestimmungen des gemeinen Rechtes und nicht die Bestimmungen des Staatsrechtes angewandt werden, ihr eigenes Volk, welches Blut aus ihrem Blute und Fleisch aus ihrem Fleisch ist, in diesem gesetzlichen Selbstverteidigungskampfe tunlich unterstützen mögen. Außerdem aber mögen sie sich bestreben, durch das Inslebenrufen eines richtigeren finanziellen und Staatsschulden-Systems und überhaupt eines richtigern volkswirtschaftlichen Systems sich selbst, ihren Staat und ihre Völker von der Diktatur der jüdischen Geldmächte und somit auch von dem politischen Einflusse des Judentums zu emanzipieren.

Die durch die jüdische Rasse mehr oder minder bedrückten christlichen Völker aber fordern wir auf, die berechtigte Selbstverteidigungs-Bewegung auf der ganzen Linie in Fluß zu bringen und zu organisieren.

[...]

Und wenn dieser unser Appell nicht die Stimme eines Rufers in der Wüste bleibt, sondern die europäische christliche Gesellschaft zum Bewußtsein der sie bedrohenden Gefahr erweckt, daß sie zur unverzüglichen Ergreifung der gesetzlichen Mittel einer berechtigten Notwehr schreitet: so wird von der Stirne des neunzehnten Jahrhunderts binnen kurzem der Schandfleck entfernt sein, daß eine aus 7–8 Millionen Seelen bestehende kulturwidrige Rasse, die semitische Judenrasse, die aus etwa 350 Millionen Seelen bestehende arische (beziehungsweise im Wege des Christentums arisierte) Menschenrasse intellektuell, moralisch und finanziell tyrannisiere, jene Menschenrasse, die kraft ihrer intellektuellen und physischen Superiorität berufen ist, ihren Samen samt ihrer zur Vollkommenheit gebrachten Zivilisation mit

ihren siegreichen Waffen und mit den Arbeiten des Friedens in allen Weltteilen zu verbreiten. [...]
Und jetzt auf zur Arbeit, christliche Brüder!
Der zur Wahrung der Interessen der nichtjüdischen Gesellschaft am 11. und 12. September 1882 zu Dresden abgehaltene

Internationale Antijüdische Kongreß.

9. »Ostdeutsche Rundschau« vom 9. Juli 1896: Christus, ein Deutscher

Es ist nicht im entferntesten bewiesen, daß Christus auch wirklich jüdischer Abstammung gewesen sein muß. Abgesehen davon, daß Christus rotblond und blauäugig und sein Vater ein Zimmermann war, also ein Handwerk betrieb, welches erwiesenermaßen ein Jude noch nie ausgeübt hat, so wird dieser Gegenbeweis durch die jüngsten Ergebnisse der Forschung bestärkt, daß mindestens schon 1500 v. Chr. eine blondhaarige und blauäugige Rasse nach Palästina einwanderte und seitdem dort neben dem dunklen Rassengepräge des Orients hauste. Und gibt man auch zu, daß mütterlicherseits eine hebräische Trübung des germanischen Blutes erfolgt sein könnte, dann ließe sich immer noch H. W. Hoffmeisters Bemerkung ins Feld führen, daß, wie Christus – nach jüdischer Trübung durch das Hebräerblut seiner Mutter – in eigener Person zu seinem deutschen Blute zurückkehrte, so auch das Christentum zu seiner germanischen Heimat zurückgewandert sei. An den Früchten, die der christliche Geist gerade unter die Deutschen – natürlich vom Klerikalismus abgesehen, welcher im Gegensatze zu wahrem christlichen Geiste noch immer im jüdischen Boden des Alten Testaments wurzelt – getragen hat, erkennt man, daß der Sozialismus Christi ein deutscher und keineswegs ein jüdischer war.

10. Theodor Fritsch: Antisemiten-Katechismus

Was haben die Juden eigentlich begangen?

1. Sie haben durch Auswucherung viele Bauern, Gewerbetreibende, Beamte, Offiziere usw. vollständig ruiniert und [...] dem moralischen Untergang preisgegeben [...].
2. Sie haben durch unehrliches Gebaren und geheimes Zusammenwirken den soliden Handels- und Gewerbestand untergraben und viele Geschäftszweige so vollständig in ihre Hände gebracht, daß der ehrliche nichtjüdische Geschäftsmann kaum mehr neben ihnen bestehen kann.
3. Sie haben das ehrliche Handwerk fast vollständig vernichtet, so daß der frühere selbständige Meister heute zum Lohnsklaven des jüdischen Ladenbesitzers geworden ist und um einen Hungerlohn für denselben arbeitet.
4. Sie haben die Arbeitslöhne und die Preise aller Produkte so sehr heruntergedrückt, daß es immer unmöglicher wird, sich durch ehrliche Arbeit zu ernähren. Das soziale Elend und die gesellschaftliche Unzufriedenheit wird dadurch immer größer und die Gefahr blutiger Volksaufstände immer näher gerückt.
5. Sie haben sich der öffentlichen Presse bemächtigt und bedienen sich derselben dazu, das Volk über die wahren Ursachen des allgemeinen Notstandes zu täuschen und dessen Unzufriedenheit nach einer falschen Richtung (auf die Regierung, auf »Pfaffen«, »Junker«, Polizei, Beamtentum usw.) abzulenken.
6. Sie fördern durch ihre Zeitungen die sittliche Verwilderung, indem sie das Volk mit allerhand »pikanten« Skandal- und Verbrechensgeschichten unterhalten und dadurch das moralische Bewußtsein abzustumpfen suchen.
7. Sie haben mit Hilfe der Presse durch den Börsenschwindel in den 70er Jahren Tausende von Millionen aus dem Volke herausgezogen.
8. Sie haben durch jüdische Parlamentarier (Lasker, Bamberger und andere) sowie durch nichtjüdische bezahlte

Subjekte in der Volksvertretung die Gesetzgebung dahin beeinflußt, daß den jüdischen Gelüsten möglichst viel Spielraum gegeben wurde (z. B. zum betrügerischen Bankrott, Börsenspiel, Gründungsschwindel usw. sowie durch schrankenlose Gewerbefreiheit, Freizügigkeit etc.).

9. Alles machen sie käuflich: Ämter, Titel, Namen, Ehre, Liebe und so fort. Sie richten besonders in der weiblichen Jugend unseres Volkes eine unerhörte sittliche Verwüstung an. Das niedrig-sinnliche Naturell der Juden und ihr Mangel an Scham und Gewissen macht sie zu den verwegensten Verführern. Auch der berüchtigte »Mädchenhandel« wird fast ausschließlich von Juden betrieben.
10. Sie haben viele Personen in hervorragenden Stellungen in ihre Netze zu locken gewußt und dieselben durch ihren Geldeinfluß sich dienstbar gemacht [...]. Die wenigen charakterfesten Männer, die diesen Verlockungen widerstanden haben, werden vor dem Volke durch die jüdische Presse in unerhörter Weise verdächtigt und beschimpft.
11. Sie haben selbst die Regierungen durch schlaue Finanzoperationen in ihre Fesseln geschlagen [...]. Durch ihre internationalen Beziehungen beeinflussen die Juden alle Staatskabinette und halten die Regierungen gegenseitig im Schach, so daß kein einzelner Staat wagen kann, gegen die Judenschaft vorzugehen – ohne sofort die Nachbarstaaten auf den Hals gehetzt zu erhalten.

11. Otto Böckel: Der Jude als Parasit

Die Juden haben, wie die Sache nun einmal liegt, nicht an allen Berufen des deutschen Volkes Teil genommen, sondern sich vor wie nach dem Handel und dem Schacher gewidmet. Die mittelalterlichen Freiheiten haben sie behalten und

die neue Freiheit, welche ihnen die Emanzipation verlieh, hinzugenommen; mit diesen zwei Freiheiten ausgerüstet, vernichten sie den Wohlstand und das Glück der Nationen.
Prüfen wir nun, in welcher Weise der Jude das deutsche Volk in seiner Entwicklung bedroht. Da ist zunächst der Landjude. Wäre es den Juden ernst mit der Emanzipation, so müßten die Landjuden, gerade wie es unser Bauer tut, hinter dem Pflug gehen, säen, mit der Sense die Felder mähen, den Dreschflegel führen usw. Ist dem nun so? Jeder, der einmal auf dem Lande gelebt hat, wird mit »Nein« antworten müssen. Die Landjuden sind fast alle Handelsleute; hinter dem Pfluge sieht man sie nicht. Warum nun nicht? Einfach, weil dem Juden der Ackerbau zu sauer und zu wenig einträchtig ist; der Jude will nun einmal nicht arbeiten, wie es der deutsche Bauer tut. [...]
Der Landjude zieht es vor, statt von seiner Hände Arbeit mühsam zu leben, von dem Ertrage des Bauern, den dieser im Schweiße des Angesichts sich erarbeitet, mitzuleben; das ist viel bequemer und müheloser. Darin liegt aber gerade die Gefahr für unser deutsches Volk, daß der ehrliche, arbeitende Bauernstand fortwährend von einer Rasse fremder Schacherer ausgebeutet und auf Schritt und Tritt beobachtet wird. Der deutsche Bauer ist ehrlich und arbeitsam, der Jude verschmitzt und faul. Der deutsche Bauer, den man so gern den dummen Bauer nennt, kann nicht in dem Grade gerieben und verschmitzt sein wie der Jude; wenn er dies wäre, könnte er kein ehrlich arbeitender Bauer mehr sein.
Unter diesen Verhältnissen ist es ganz natürlich, daß die Juden, die überdies solidarisch zusammenhalten und meistenteils auf Meilen weit miteinander verschwägert und bekannt sind, den deutschen Bauer wohl oder übel in Schaden bringen. Das Streben der Juden geht dahin, systematisch den Bauernstand wie in einem Netz zu verstricken und ihn rettungslos der jüdischen Ausbeutung zu überliefern. Mit dem Viehhandel fängt die Bekanntschaft des Bauern

mit dem Juden an, mit der Subhastation[25] des bäuerlichen Gutes hört sie auf, oder besser gesagt, sie hört auch dann noch nicht auf, wenn der Bauer es nicht vorziehen sollte, statt in ewiger Sklaverei des Juden zu leben, nach Amerika auszuwandern. Der Kredit, welchen der Jude dem Bauer eröffnet, welchen er ihm sogar aufzwingt, ist die Waffe, durch welche der Jude den Bauernstand ruiniert. Wer dem Teufel den kleinen Finger gibt, dem nimmt er bald die ganze Hand, und wer bei dem Juden 10 Mark Schulden hat, dem versteigert er bald Haus und Hof über dem Kopfe. Die Verschuldung unseres Bauernstandes geht ins Unglaubliche; ganze Gegenden unseres deutschen Vaterlandes sind in die Hände der Juden gefallen. Fürst Bismarck hat es selbst ausgesprochen: »Ich kenne eine Gegend, wo die jüdische Bevölkerung auf dem Lande zahlreich ist, wo es Bauern gibt, die nichts ihr eigen nennen auf ihrem ganzen Grundstück; vom Bette bis zur Ofengabel gehört alles Mobiliar dem Juden. Das Vieh im Stalle gehört dem Juden und der Bauer zahlt für jedes einzelne seine tägliche Miete. Das Korn auf dem Felde und in der Scheune gehört dem Juden, und der Jude verkauft dem Bauer das Brot-, Saat- und Futterkorn metzenweise.«

12. Georg Ritter von Schönerer: Antisemitische Ideen im österreichischen Reichsrat

Wenn nun die verewigte vereinigte Linke (Heiterkeit auf der äußersten Linken) im April 1885 in ihrem Rechenschaftsberichte es öffentlich betont hat, daß sie »die eines zivilisierten Volkes unwürdige sogenannte antisemitische Bewegung« (Hört! auf der äußersten Linken) auf das entschiedenste verdamme, so haben wir Deutschnationale zu gleicher Zeit damals, am 1. Mai 1885, in unserem mit Tau-

25. Zwangsversteigerung.

senden von Unterschriften aus den verschiedensten deutschen Ländern bedeckten Wahlaufrufe es laut betont, daß die Beseitigung des jüdischen Einflusses auf allen Gebieten des öffentlichen Lebens unerläßlich sei. (Sehr richtig! auf der äußersten Linken.) Im Gegensatze nun zu den Herren im deutschen und deutschösterreichischen Club betrachten wir Deutschnationale denn auch bekanntlich den Antisemitismus nicht als ein bedauerliches Symptom oder als eine Schmach, sondern vielmehr als einen Grundpfeiler des nationalen Gedankens, als Hauptförderungsmittel echt volkstümlicher Gesinnung, somit als die größte nationale Errungenschaft dieses Jahrhunderts. (Beifall auf der äußersten Linken. – Gelächter.) Durch diesen Antisemitismus wird eben auch im Laufe der Zeit jeder belehrt werden, es als nationale Pflicht zu betrachten, sein eigenes Volk zu lieben über alles in der Welt.

Wir betrachten jeden als Abtrünnigen von seinem Volke, von seiner Nation, der das Judentum und dessen Agenten und Genossen wissentlich unterstützt.

[...]

Meine Herren! Auf alle festen Kernpunkte und Stützen des nationalen und staatlichen Lebens haben es die jüdischen Unterwühler der Gesellschaft bekanntlich abgesehen. Das internationale, beutegierige Judentum hat tatsächlich auch bereits seine Krallen in den hehren Leib des germanischen Volkes eingeschlagen; wir aber sind der Meinung, dieser Raub wird ihm nicht zuteil werden, denn der unverfälschte germanische Geist ist bereits aus seinem Winterschlafe erwacht und ist bereit, zur Tat zu schreiten. (Bravo! Bravo! auf der äußersten Linken.)

Wir Deutschnationale sind stolz darauf, den ganzen Haß aller korrupten Elemente auf uns gerichtet zu sehen, und aus jedem der von den verschiedensten Parteien gegen uns veranstalteten Kesseltreiben sind wir stets gestärkt und an Zahl vermehrt hervorgegangen.

Wir sind und bleiben daher auch für alle Zukunft die Partei der nationalen tatkräftigen Erziehung unseres Volkes,

und wir dulden auch bekanntlich keine unlauteren Strebernaturen in unseren Reihen und in unserer Mitte. Wir von der jüdischen Presse als »geisteskrank« bezeichneten Deutschnationalen stehen bezüglich der Judenfrage auf dem Standpunkte, den ja alle wahrhaft national gesinnten bedeutenden Männer der deutschen Nation festgehalten haben, und ich zitiere, um nur eines zu erwähnen, eine treffende Äußerung des vor kurzem verstorbenen, vielgefeierten deutschen Dichters Victor von Scheffel, lautend:
»Die Abneigung der germanischen Völker gegen die Semiten beruht nicht auf der Verschiedenheit von Religion und Dogma, sondern auf der Verschiedenheit des Blutes, der Rasse, der Abstammung, der Volkssitten und der Volksgesinnung.«
Ich glaube, daß dieser Anschauung jeder zustimmen muß, der darauf Anspruch macht, ein treuer Sohn seines Volkes sein zu wollen. (Abgeordneter Türk: Dann ist Scheffel auch ein Schandfleck dieses Jahrhunderts!)
[...]
Es ist heller Blödsinn, die Juden nur wegen des Glaubens anzugreifen, und wer behauptet, daß wir die Juden wegen ihrer Religion bekämpfen, gehört zu jenen armseligen Leuten, welche gewohnt sind, sich jeder Konfession und jeder Nationalität anzunehmen, die aber stets ihrer eigenen Nation vergessen.
Unser Antisemitismus richtet sich nicht gegen die Religion, sondern gegen die Rasseneigentümlichkeiten der Juden, die sich weder unter dem früheren Drucke, noch unter der jetzigen Freiheit geändert haben; vielmehr zeigen sich die Juden bekanntlich seit der Emanzipation übermütiger, hartherziger, ausbeutungssüchtiger und schadenfroher als je, und überall sehen wir sie im Kampfe gegen die bestehenden staatlichen Ordnungen, überall im Bunde mit den Elementen des Umsturzes und bemerkenswerterweise auch in jenen Ländern, wo sie es zu einem enorm schnellen materiellen Emporblühen gebracht haben. Unser nationaler Antisemi-

tismus ist also nicht das Erzeugnis konfessioneller Unduldsamkeit, vielmehr ein unzweideutiger Beleg eines im Selbstgefühle erstarkenden Volkes, eines sich kräftigst äußernden Nationalgefühls, und es muß daher der Antisemitismus von jedem treuen Sohne seiner Nation – ich wiederhole dies – als der größte Fortschritt in diesem Jahrhundert betrachtet werden.

Unter ungehemmtem Fortbestand des Einflusses jüdischer Ideen und Grundsätze müßten auch so manche Deutsche allerdings bis in das Mark der Knochen immer mehr der Verjudung zufallen und infolgedessen zu jenem Gefühle von Vaterlandslosigkeit herabsinken, in welcher man die Pflichten und Gefahren des nationalen Lebens anderen überläßt, um nur selbst ungestört der eigenen Selbstsucht leben zu können.

Ich muß auch noch bemerken, daß wir Deutschnationale von unserem nationalen Standpunkte aus nur jene Gleichberechtigung anerkennen können, die der deutschen Nation keinen Schaden zu bringen vermag, wogegen bekanntlich die Deutschklerikalen und Deutschliberalen für die Gleichberechtigung, zum Beispiel der Juden, auch dann eintreten, wenn das Deutschtum darunter Schaden leidet.

Nach Ansicht gewisser liberaler Herren darf man als Deutscher bekanntlich wohl Antitschech, beileibe aber nicht Antisemit sein, und doch ist es Tatsache, daß die Tschechen uns der Abstammung nach bei weitem nicht so fernestehen, als dies bei den Semiten der Fall ist. (Sehr richtig! auf der äußersten Linken.) Und ich betone neuerdings öffentlich, daß uns im Kampfe gegen das alles zersetzende Judentum auch die Kampfgenossenschaft der Slawen und Romanen jederzeit willkommen sein muß.

[...]

Ich schließe nun, indem ich sage: Wenn wir Deutschnationale mit unseren volkstümlichen Grundsätzen zu Rufern in der Wüste werden würden, dann werden gewiß aus unseren Gebeinen die Rächer erstehen, und auf dem Gebiete des Kampfes um nationales Dasein und um unseres Volkes

Wohlfahrt wird dann gewiß – zum Schrecken der semitischen Bedrücker und ihrer Anhänger – mit Recht der Grundsatz immer mehr und mehr zur Geltung gelangen, der kurz und treffend Ausdruck findet in den Worten: »Aug' um Aug' und Zahn um Zahn!« (Lebhafter Beifall und Händeklatschen auf der äußersten Linken und auf den Galerien.)

V. Ansätze und Theorien zur Erklärung des Antisemitismus

> Bei weitem die beste Einstellung gegenüber dieser Vielfalt von Ansätzen ist die Annahme von allen. Jede lehrt uns etwas. Keine hat ein Monopol der Erkenntnis, noch ist irgendeine als einziger Führer sicher genug.
>
> *Gordon W. Allport*

Mit der Frage nach den Ursachen des Antisemitismus beschäftigen sich die verschiedensten Wissenschaften. Historiker, Politikwissenschaftler, Soziologen, Sozialpsychologen und Psychoanalytiker versuchen auf ihre je eigene Weise dem Problem beizukommen. Entsprechend ihren jeweils verschiedenen Erkenntnisinteressen, Fragestellungen und Methoden fallen die Antworten dabei sehr unterschiedlich aus. Allgemein lassen sich jedoch zwei große Bereiche unterscheiden, die sich gegenseitig ergänzen: der Bereich der im weitesten Sinn gesellschaftlichen Ursachen des Antisemitismus – mit ihnen beschäftigen sich vor allem Historiker und Soziologen – und der Bereich der individuellen, psychischen Ursachen, mit dem sich Psychologen und Psychoanalytiker befassen.

Die folgenden Texte sind so aufgebaut, daß zunächst Erklärungsversuche vorgestellt werden, die auf die überindividuellen – sozialen, wirtschaftlichen, politischen – Ursachen des Antisemitismus abzielen, während die Texte zur Psychogenese und Psychodynamik des Antisemitismus – also zur Frage der psychischen Dispositionen und Prozesse, die ein Individuum zum Antisemiten machen können – erst an zweiter Stelle folgen. Diese Anordnung soll keine Wertung sein. Sie wurde vielmehr gewählt, weil sie die Möglichkeit bietet, mit Texten einzusetzen, die sich konkret auf den Antisemitismus im Kaiserreich und damit auf die Texte des vorigen Teils beziehen, und von da aus zu immer stärkeren

Verallgemeinerungen – bis zu den allgemeinen Theorien des Vorurteils und der autoritären Persönlichkeit, für die der Antisemitismus nur noch ein Spezialfall oder ein Teilaspekt ist – fortzuschreiten. Da möglichst viele Gesichtspunkte berücksichtigt werden sollten, ließen sich einzelne Überschneidungen, aber auch Widersprüche, nicht ganz vermeiden.
Am Anfang mögen zwei Texte stehen, die zeigen, daß schon im Kaiserreich selbst durchaus beachtenswerte Versuche unternommen wurden, das Phänomen des Antisemitismus rational zu analysieren. Sie sollen zugleich jene Personen und Gruppen repräsentieren, die sich schon damals der Flut des Antisemitismus entgegenstellten. An erster Stelle soll dabei die Sozialdemokratie zu Wort kommen, die größte gesellschaftliche Gruppe, die den Antisemitismus öffentlich ablehnte.

1. August Bebel: Der Antisemitismus und seine Anhänger

Das klassische Dokument zur Auseinandersetzung der Sozialdemokratie mit dem Antisemitismus ist die bekannte Rede August Bebels, die ursprünglich für den Berliner Parteitag 1892 vorgesehen war, aber erst ein Jahr später auf dem Kölner Parteitag im Oktober 1893 gehalten wurde. Bei aller Verurteilung des Antisemitismus ist es eine Schwäche dieser Rede, wie überhaupt der sozialdemokratischen Haltung gegenüber dem Antisemitismus, daß sie aufgrund ihrer marxistischen Prognose der ökonomischen Entwicklung den Antisemitismus als eine vorübergehende Erscheinung ansah, die bald abgewirtschaftet haben werde und deren Anhänger dann automatisch der Sozialdemokratie zufallen würden. Diese häufig mit dem Schlagwort des »Sozialismus des dummen Kerls« gekennzeichnete Einschätzung ließ folgerichtig eine aktive Bekämpfung des Antisemitismus nicht notwendig erscheinen.
Eine weitere Schwäche der Bebelschen Rede besteht darin,

daß in ihr gelegentlich neben Passagen historischer und soziologischer Analyse unvermittelt Reste rassisch-biologischen Denkens stehen – darin durchaus ein Produkt seiner Zeit. Wegen ihrer Anschaulichkeit immer noch lesenswert ist jedoch seine Analyse der Zusammensetzung der Anhänger des Antisemitismus und ihrer Motive.

Nun sind die Juden zwar in ihrer Gesamtheit der germanischen oder arischen Bewohnerzahl gegenüber gering an Zahl, aber sie bilden als hauptsächlich *Handeltreibende* gegenüber den übrigen Handeltreibenden einen verhältnismäßig hohen Prozentsatz und sind daher eine unangenehme Konkurrenz. Deshalb hat der Antisemitismus besonders in den handeltreibenden Kreisen starken Anhang gefunden. Die Handelsgebiete, auf welchen das Judentum in hohem Grade als entscheidender Faktor auftritt, sind sowohl der Zahl als der Art nach von großer Bedeutung für die Gesellschaft. So ist für den Handel mit Manufakturwaren im weitesten Sinne das Judentum maßgebend; für den Handel mit Agrarprodukten ist es unbestreitbar ausschlaggebend. In weiten Gegenden Deutschlands, so in den beiden Hessen, in Nassau, der Pfalz, Elsaß-Lothringen, Baden und Württemberg, in den meisten Provinzen Bayerns, in Thüringen usw. sind es Juden, die ausschließlich oder nahezu ausschließlich den gesamten Handel in Agrarprodukten in der Hand haben. Seinerzeit hat ein Genosse im *Vorwärts* einen Artikel veröffentlicht »Über die Ursachen des Antisemitismus«, in dem er in bezug auf Hessen den Ausspruch tat, den ich schon früher wiederholt getan: »Überall tritt der Jude dem Bauern als Käufer und Verkäufer gegenüber, dem Bauern gegenüber ist der Kapitalist der Jude, Jude und Kapitalist sind für den Bauern identische Begriffe.«
Nun zeigt aber die Entwickelung auf agrarischem Gebiet, insbesondere durch die Zufuhren an Getreide, Fleisch usw. aus fernen Weltteilen, daß die angeblich zum Schutze des Bauernstandes ins Leben gerufenen Schutzzölle ihm fast nichts nützten. Er sieht, wie die Ansprüche an ihn immer

größer, die Konkurrenz immer drückender wird, so kommt er zur Einsicht, daß die schönen Versprechungen, die ihm die Konservativen, Ultramontanen[1] und Nationalliberalen jahrzehntelang machten, ihm nicht geholfen haben. Wohl aber wurde seine materielle Lage schlechter. So wirft er sich denen in die Arme, die auftreten und ihm predigen: »Alles, was Euch bisher versprochen wurde, ist falsch; schafft den Juden aus der Welt, der Euch aussaugt! Bringt Ihr das fertig, dann ist für Euch die Periode des Friedens und des Glücks wieder vorhanden.« Es ist ein sehr einfaches Rezept, das der Antisemitismus bereithält und mit dem seine Anhänger als Demagogen schlimmster Art auf den Bauernfang gehen. (Sehr richtig!) Der kleine Bauer, der kleine Handel- und Gewerbetreibende, hat erklärlicherweise keine Neigung, ohne Widerstand und ohne daß er nach Hülfe sich umsieht, in diesem Entwickelungskampf unterzugehen. Er greift nach einem Strohhalm. [...]

Insbesondere tritt auf Gebieten, die bis vor kurzem fast ausschließlich dem Kleingewerbe angehörten, der jüdische Kapitalist immer mehr als Konkurrent auf. So in der Schuhmacherei, der Schneiderei, der Wäschefabrikation usw. Wer hat den Handel mit Kleidern, sowohl mit neuen wie mit alten, in Händen? Juden. Die Haupthändler für Schuhwaren sind Juden; die Besitzer der Schuhwarenfabriken sind zu einem großen Teil Juden. Der Jude, der überall als Handeltreibender, als Kapitalist en gros, also als Ausbeuter der Arbeitskraft auftritt, der als Unternehmer in der Hausindustrie eine Menge von kleinen Gewerbetreibenden, wie Schuhmacher, Schneider, Weber, Tischler, Kleineisenwarenproduzenten usw. beschäftigt, er ruft auch in den Kreisen der Kleingewerbetreibenden den Antisemitismus hervor. Auch hier deckt sich vielfach der Begriff Kapitalist mit Jude. Ruft man diesen wie den Bauern zu: Schafft den Juden weg, dann wird Eure Lage eine andere sein!, so fallen

1. abwertende Bezeichnung für den politischen Katholizismus, hier die Zentrumspartei (lat. ultra montes = jenseits der Berge, d. h. vom Papst abhängig).

diese kleinen Gewerbetreibenden in Scharen dem Antisemitismus zu. Unsere Kleingewerbetreibenden, unsere Bauern sind sehr unwissend in allem, was das wirtschaftliche und politische Leben betrifft; sie haben in ihrer engen sozialen Stellung keinen Überblick. [...]
Aber es sind nicht nur die Schichten der Bauern, Gewerbetreibenden und Handeltreibenden, in welchen der Antisemitismus zahlreich Anhang hat. Die Feindschaft gegen die Juden geht weiter. Zahlreiche Kreise unserer Beamtenwelt sind ebenfalls antisemitisch. Wie erklärt sich das? Scheinbar haben diese keinen Grund, denn ihnen tritt der Jude doch nicht als Konkurrent gegenüber. Sicher nicht. Aber ein großer Teil unserer Beamten ist schlecht bezahlt, und infolge dieser schlechten Bezahlung und der sogenannten standesgemäßen Lebensweise, *oder was er dafür hält*, macht er Schulden. Da er nichts besitzt, womit er bei Darlehen Garantie zu leisten vermag, muß er zum Wucherer, zum Halsabschneider gehen. Wer wird dem Beamten etwas borgen und das Risiko eingehen, nichts wiederzuerhalten, da das Gesetz für Beträge bis zu einer gewissen Höhe des Gehaltes die Einklagung unmöglich macht? Der Darleiher ist also auf das Vertrauen angewiesen, das er zu dem Beamten hat. In nicht wenigen Fällen läßt der Beamte den Gläubiger hineinfallen, oder richtiger gesagt, er muß ihn hineinfallen lassen, weil er nicht zahlen kann. Es werden also nach dem herrschenden ökonomischen Gesetz: »Einem großen Risiko muß auch ein großer Gewinn gegenüberstehen« Wucherzinsen genommen. Der Nutzen auf der einen Seite soll nicht nur den Schaden auf der anderen ausgleichen, sondern es muß auch mit dem steigenden Risiko die Risikoprämie wachsen. Diese Theorie hat nicht ein Jude aufgestellt, sondern es ist, den französischen und englischen Ökonomen folgend, der verstorbene Hermann Schulze-Delitzsch, der sie in Deutschland predigte. Wer sind nun wieder zum größten Teil die Wucherer? Unleugbar Juden. Man sagt den Juden nach, sie seien feig. Ich bin der gegenteiligen Ansicht. Niemand riskiert mehr als der Jude, er riskiert jedenfalls

mehr als die meisten seiner arischen Mitkonkurrenten, und daher betreibt er diese Art von Geschäften mit Vorliebe. [...] Es ist also begreiflich, daß auch innerhalb der Beamtenschaft, die vielfach bis über die Ohren verschuldet ist, der Antisemitismus Boden hat. Ein anderes kommt hinzu: Unter der Fahne des Antisemitismus können die Beamten, was sie sonst nicht dürfen, Politik treiben, und sie können unter Umständen sogar ein wenig Opposition gegen die Regierung machen; es ist die polizeistaatlich erlaubte Opposition, die sonst für den Beamten unmöglich ist. (Sehr richtig!) Die Beamten dürfen sonst nur konservative Versammlungen besuchen und dort als Redner auftreten; aber da es in diesen Versammlungen meist entsetzlich langweilig zugeht, während in den antisemitischen Versammlungen häufig Radau und Aufregung herrschen, ein Genuß, den die ans Gehorchen und Mundhalten gewöhnten Beamten selten haben, so gehen sie lieber in diese letzteren, namentlich da auch ihrer Loyalität und Königstreue, die sie zur Schau tragen müssen, kein Zwang angetan wird. (Heiterkeit.) Ferner hat der Antisemitismus Anhang in den Offizierskreisen, und zwar aus denselben Ursachen, wie in den Beamtenkreisen. Antisemitisch ist auch ein großer Teil des Feudaladels. Unser Junkertum ist zum Teil aus Verschwendungssucht, zum Teil wegen der Ausgaben, die es aus Rücksicht auf seine gesellschaftliche Stellung machen muß, dem Wucherer in die Hände zu fallen gezwungen. Seine Söhne, die meist Offiziere werden, erfordern große Zuschüsse, um »standesgemäß« auftreten zu können. Aber woher nehmen und nicht stehlen? Da ist meist der Jude der Retter. Der Jude ist der Darleiher von Geld und Hypotheken und tritt nachher als Käufer der Rittergüter auf. Er wird also sogar Rittergutsbesitzer. Das sind Gründe genug, weshalb der Feudaladel sich im antisemitischen Lager befindet. Das hält freilich einen Teil unserer Hochedelgeborenen nicht ab, nach einem jüdischen Goldfisch zu angeln, um mit dessen Gelde das altadelige Wappen aufs neue zu vergolden und die brüchig gewordene Existenz zu retten. [...]

Zu den erwähnten kommt noch ein antisemitisches Element, das ebenfalls erwähnt werden muß und sogar innerhalb der antisemitischen Bewegung einen gewissen Einfluß hat: das sind die Studenten. Der größte Teil derselben ist heute antisemitisch. Aber diese können doch nicht aus materiellen Ursachen gegen die Juden gestimmt sein? Und doch ist dieses der Fall. Der Konkurrenzkampf, der gegenwärtig auf allen Gebieten der materiellen Produktion sich täglich schärfer zuspitzt und die Vernichtung der Schwächeren herbeiführt, spielt auch innerhalb der Gelehrtenkreise, innerhalb der mit höherer Bildung ausgestatteten Kreise, eine entscheidende Rolle. Ich habe schon in der ersten Auflage meines Buches *Die Frau* ausgeführt: Wir leiden nicht nur an einer Überproduktion an Waren, sondern auch an einer solchen an Intelligenz. Je mehr die jetzige Entwickelung fortschreitet, desto unmöglicher wird es den Eltern des Mittelstandes, ihre Söhne materiell so auszustatten, daß sie als Gewerbetreibende, als Bauern usw. ihre Existenz aufrechterhalten können. Diese Verhältnisse zwingen zahlreiche Familien, ihre Söhne den Hochschulen zuzuweisen und mit dem letzten Aufwand ihre Kräfte ihnen das Studium auf denselben zu ermöglichen, damit sie in die Staats- oder Gemeindeverwaltungskarriere kommen und dort versorgt werden. [...]
Bei der Wohlhabenheit und dem Reichtum der Juden und bei ihrem unzweifelhaft vorhandenen Streben nach höherer geistiger Bildung besuchen zahlreiche Juden auch die Universitäten und Hochschulen aller Art, sie verstärken also das Angebot der Kräfte. Darin liegt der erste Grund für unser sogenanntes germanisches Studententum, antisemitisch zu sein. Ein anderer Umstand kommt hinzu, und dieser gilt nicht bloß für die Universitäten, sondern auch für alle übrigen Zweige der Tätigkeit, für materielle wie geistige. Es ist unleugbar, daß die Juden sich durch große Ausdauer, Zähigkeit und auch Nüchternheit auszeichnen. (Zwischenruf: Oho!) Ja, Genosse Schoenlank, gewiß! (Heiterkeit.) Unsere Handwerker, unsere Händler, unsere Kaufleute glauben

vielfach, den Tag nicht gehörig verlebt zu haben, an dem sie nicht einen Frühschoppen von ein paar Stunden machen. Das fällt dem jüdischen Geschäftsmann nicht ein, der bleibt in seinem Geschäft. In bezug auf den Genuß von Spirituosen kann der Jude sogar vielfach als das Ideal unserer Antialkoholisten gelten. (Heiterkeit.) Als Student studiert auch der jüdische Student, aber der sogenannte germanische Student schlägt den größten Teil seiner Zeit in Kneipen, auf dem Fechtboden oder an anderen Orten, die ich nicht nennen will, tot. (Heiterkeit.)

2. *Walter Pohlmann: Antisemitismus und gesellschaftliche Entwicklung*

Eine ganz ähnliche Analyse der »Zusammensetzung der antisemitischen Massen« wie Bebel veröffentlichte im gleichen Jahr Walter Pohlmann, Oberlehrer am Königlichen Gymnasium in Neuwied und Verfasser einiger Broschüren zur Judenfrage. Da sich seine Ausführungen sehr stark mit denen Bebels überschneiden, werden hier nur einige Passagen wiedergegeben, die die Bedeutung des sozioökonomischen Wandels für die Verbreitung des Antisemitismus im Kaiserreich hervorheben. Sie stehen zugleich als Beispiel für jenen – allerdings zahlenmäßig weit geringeren – Teil der fast unübersehbaren Broschürenliteratur zur Judenfrage im letzten Viertel des vorigen Jahrhunderts, der diese Frage nicht im antisemitischen Sinn behandelte, sondern von einem liberalen Standpunkt aus entschieden gegen den Antisemitismus Stellung bezog.

Welche Bevölkerungsschichten stellen denn nun eigentlich dem antisemitischen Heerbann seine zahlreichen Rekruten? – Da ist vor allen der weitverzweigte Stand der Geschäftsleute. Um zu erklären, weshalb gerade dieser Stand so viele

Judenfeinde in seinen Reihen zählt, müssen wir etwas weiter ausholen:

Zur Zeit unserer Großväter herrschte im Vergleich zur heutigen Zeit im Geschäftsleben eine patriarchalische Gemütlichkeit und fast idyllisch zu nennende Ruhe und Gemächlichkeit. Als es noch keine Eisenbahnen und Dampfschiffe gab, da war überhaupt das Gepräge der Menschheit ein ganz anderes als heute. Man kann wohl mit Recht behaupten, daß sich infolge der Anwendung des Dampfes und der Elektrizität die menschlichen Verhältnisse innerhalb eines halben Jahrhunderts weit mehr verändert haben, als es sonst innerhalb mehrerer Jahrhunderte zu geschehen pflegte. Wir leben seit dem ersten Drittel unseres Jahrhunderts tatsächlich in einer ganz neuen Welt; und zwar geht der Wechsel der Dinge von Jahr zu Jahr immer schneller vor sich, und immer neue Verhältnisse und Anschauungen dringen auf den Menschen ein, so daß es oft fast an der nötigen Zeit und Sammlung fehlt, die Dinge zu überschauen, Wahres von Falschem zu sondern und sich in die neuen Errungenschaften des nimmer rastenden menschlichen Fortschritts einzuleben.

Wohin wir heute blicken, da schaut unser Auge Beweise des sich fast überstürzenden und überhastenden Wechsels der Dinge. Kaum ist das Gute erfunden und eingeführt, so entdeckt man das Bessere und muß notgedrungen das kaum Eingerichtete wieder über den Haufen werfen. Es ist fast so weit gekommen, daß ein Greis von achtzig Jahren sagen kann: »Die Welt, die ich als Kind gekannt, sie ist nicht mehr.«

Dieser geradezu verblüffende Wandel aller Verhältnisse kommt uns zum Bewußtsein, sobald wir uns nur ein wenig mit einem beliebigen Gebiete des Lebens näher beschäftigen. – Nehmen wir z. B. die Beleuchtung unserer Räume. Jahrhunderte, ja, man kann sagen Jahrtausende hindurch erhielt sich in fast derselben Gestalt die einfache Öllampe, wie sie schon die alten Römer kannten und wie sie bis zu unsern Tagen in fast allen Häusern zu finden war. Daneben waren die Kerzen ebenfalls jahrtausendelang im Gebrauch. – Und jetzt? – Jetzt haben wir seit der Mitte unseres Jahrhunderts bereits die dritte Form der Beleuchtung. Die alte Öllampe wich dem Petroleum, das Petroleum dem Gas und das Gas dem elektrischen Licht.

[...]

Durch möglichst unmittelbaren Bezug, durch Masseneinkauf und dadurch ermöglichte Herabsetzung der Preise sowie durch das denkbar größte Entgegenkommen, welches sich der jüdische Kaufmann seinen Kunden gegenüber zur Pflicht machte, gewann er Tausenden von christlichen Nebenbuhlern den Vorsprung ab. Dem Erfolge aber folgt der Neid als unzertrennlicher Begleiter. – Die Sonne des Glükkes wirft den dunkelsten Schatten. –

So kommt es denn, daß gerade in den weiten Kreisen der Geschäftsleute der Antisemitismus so große Fortschritte gemacht hat und leider immer noch macht.

Aus ähnlichen Gründen ist die antisemitische Bewegung tief in die Kreise der Handwerker eingedrungen. [...]

Diese Handwerker, die dem Großbetriebe zum Opfer fallen, sind die besten Rekruten für das antisemitische Heer. Sie bezeichnen sich als Opfer der Juden und sind sicher, gläubige Zuhörer zu finden. Ihnen schließen sich auch diejenigen unter den Handwerkern an, die aus eigener Schuld, infolge ihrer Arbeitsscheu oder Trunksucht auf keinen grünen Zweig kommen; auch sie suchen und finden einen Sündenbock, indem sie das Judentum für ihre Fehler verantwortlich machen.

So ist denn der Antisemitismus unter den Geschäftsleuten und Handwerkern im Grunde nichts anderes als der Kampf der alten Zeit gegen die neue und das Bestreben, den Schlendrian und die geringere Begabung gegen die größere Betriebsamkeit und Klugheit zu schützen; kurz, der Antisemitismus der beiden genannten Stände ist die Reaktion gegen die alles verändernde, gewaltige Entwickelung unseres heutigen wirtschaftlichen Lebens. Es ist der alte Kampf der Finsternis gegen das Licht – gegen dieses Licht, welches für blöde Augen zu hell und deshalb unerträglich ist. – Die Juden können mit Recht stolz darauf sein, daß man sie als die Hauptvertreter der neuzeitlichen Errungenschaften ansieht.

[...]

Es sind wehmütige Gedanken, die jeden Freund der Aufklärung und des gesunden Fortschrittes beschleichen, wenn er sieht, wie sich alle Mächte der Finsternis verschworen zu haben scheinen, um die mühsam errungenen Fortschritte der Menschheit wieder in Frage zu stellen. Der Geist des Rückschritts, der aus selbstsüchtigen Gründen die helle Fackel der Aufklärung und Duldsamkeit haßt, wählt sich mit teuflischer Berechnung gerade immer *das* Banner, dessen Farben geeignet sind, das betreffende menschliche Geschlecht anzulocken. Aber ob die Träger dieses Banners der Finsternis Hexenverbrennung oder Judenverfolgung predigen, der Geist, der sie erfüllt, ist stets derselbe. Es ist der Geist der Selbstsucht, die nicht will, daß ihre auf die Unwissenheit und Gedankenlosigkeit der Menge gegründeten Sonderrechte dahinschwinden.

Die heutige Judenverfolgung ist im Grunde nichts anderes als der Kampf, den die zurückgebliebenen Schichten unseres Volkes, nicht fähig oder nicht gewillt, die neue Zeit zu begreifen, gegen die höhere Begabung und die stärkere Willenskraft der besseren Elemente des Volkes führen.

3. Paul W. Massing: Die politische Funktion des Antisemitismus im Kaiserreich

Aus einer etwas anderen Sicht betrachtet der amerikanische Soziologe Paul W. Massing den Antisemitismus. In seiner zuerst 1949 in den USA erschienenen historischen Studie über den Antisemitismus im Kaiserreich untersucht er vor allem die politische Indienstnahme und die politischen Folgen des Antisemitismus. Dabei wird besonders sein »mani-

pulativer Charakter« in den Vordergrund gestellt. Massing faßt seine Ergebnisse folgendermaßen zusammen:

Die Emanzipation der Juden, die rechtliche Anerkennung ihrer Gleichheit vor dem Gesetz, war im Zusammenhang mit dem Kampf um die nationale Einheit Deutschlands zustande gekommen. In der »Gründerzeit« fand ein beispielloser industrieller und finanzieller Aufschwung statt, bei dem auch Juden eine prominente Rolle spielten. Die politische und wirtschaftliche Führung lag damals in den Händen der liberalen Parteien. Das junge Reich begann, sich der modernen westlichen Welt anzugleichen. Die preußischen Konservativen und die deutschen Katholiken standen Bismarcks Schöpfung abwartend oder mißtrauisch gegenüber, wenn auch aus verschiedenen Gründen.
Nach dem Wirtschaftszusammenbruch von 1873 begannen heftige Angriffe auf die Juden. Die antijüdische Kritik verband ausnahmslos Forderungen auf Beschränkung der Rechte von Juden mit Forderungen auf Staatseingriffe in das Wirtschaftsleben. Juden und wirtschaftlichen Liberalismus pflegte man ebenso zu identifizieren wie Antisemitismus und soziale Reformen. Antisemitismus und Antiliberalismus bildeten die Ebene, auf der drei Kräftegruppen mit sonst verschiedenen Interessen zusammenfinden konnten: der alte Mittelstand, die preußischen orthodoxen Konservativen, die Katholiken. Die Anschuldigungen gegen die Juden waren politischer, wirtschaftlicher und kultureller Art, offene religiöse Feindseligkeit gab es so gut wie gar nicht. Ab und zu klangen wohl schon »rassische« Töne an, Leitmotiv aber war der Protest gegen das »jüdisch-liberale Regime« Bismarcks.
Von diesen drei Hauptgruppen, die den Antisemitismus als politische Waffe benutzten, merkten die Katholiken bald, wie zweischneidig er war, und ließen ihn fallen. Auch in der Folgezeit hatten sie wenig Anlaß, sich seiner zu bedienen. Die Konservative Partei aber entäußerte sich nicht eines Mittels, das ihr so viele politische Vorteile bot. Kon-

servative wie Katholiken verhielten sich zweckrational. Die ideologische Entwicklung des Mittelstandes jedoch entzieht sich einer so einfachen Erklärung. Die Ereignisse in Berlin zeigen, daß zwischen 1870 und 1880 eine größere politische Neuorientierung im Kleinbürgertum vor sich ging. Es löste sich vom liberalen Bürgertum, mit dem gemeinsam es noch 1848 für die Demokratie gekämpft hatte; damit verlor die Bourgeoisie ihren Massenanhang. Der gleichzeitige Aufstieg der sozialistischen Arbeiterbewegung beschleunigte den Loslösungsprozeß. Daß diese sich ihrerseits vom Liberalismus trennte, bestärkt die Auffassung, daß die liberale Bourgeoisie damals nicht mehr als Vorkämpfer für Freiheit und Demokratie galt.

Was auch immer die Gründe für den Loyalitätswandel des Mittelstandes gewesen sein mögen – die Erschütterung durch die erste kapitalistische Krise muß dabei sicher hoch angesetzt werden – er hatte das Ergebnis, daß von den achtziger Jahren an der politische Konservatismus einen Zugang zu der großen Masse mittelständischer Wähler finden konnte. Antisemitismus und Antiliberalismus waren die Brücke, über die der Mittelstand ins Lager des einstigen Gegners überzugehen begann.

4. Walter Mohrmann: Antisemitismus als Waffe der Ausbeuterklassen

Als Beispiel für die marxistisch-leninistische Interpretation des Antisemitismus folgt ein Text des DDR-Historikers Walter Mohrmann, der die grundsätzliche Position marxistisch-leninistischer Wissenschaftler zu dieser Frage wiedergibt. Was bei Massing als ein – allerdings wesentlicher – Interpretationsgesichtspunkt erscheint, wird hier in einer anderen Terminologie zum einzigen Erklärungsmuster verallgemeinert.

Das Wesen des Antisemitismus läßt sich erst dann richtig bestimmen, seine wirklichen Ursachen lassen sich erst dann aufdecken und der einzige historisch reale Weg zu seiner Überwindung kann erst dann gewiesen werden, wenn von seinem gesellschaftlichen Charakter ausgegangen wird. Der Platz, den der Antisemitismus in der Geschichte eingenommen hat, ist eindeutig: Judenhaß und Judenverfolgungen wurden in der Klassengesellschaft dann verbreitet und praktiziert, wenn die herrschende Ausbeuterklasse sich genötigt sah, die von ihr unterdrückten Volksmassen durch demagogische Politik vom Klassenkampf fernzuhalten. Antisemitismus ist ein spezifisches Mittel, um die gesellschaftlichen Ursachen der Scheidung zwischen Besitzenden und Besitzlosen, der erbarmungslosen Knechtung der Produzenten durch die Besitzer der Produktionsmittel zu verschleiern. Er stellte einen Versuch der Reaktion dar, die historisch notwendige Überwindung dieses Widerspruchs zu verhindern. Der Antisemitismus existierte niemals als eine isolierte Erscheinung, sondern er wurde von den Propagandisten der herrschenden Klasse stets mit konkreten politischen Forderungen – zumeist demagogischen Charakters – verbunden. Nicht zuletzt bezweckten die Ausbeuterklassen – oder bestimmte Gruppen von ihnen – mit der Inszenierung von Judenhaß, die von ihnen unterdrückten Klassen und Schichten für die Ausführung ihrer Raubpläne, welche sich gegen andere Völker und Staaten richteten, zu mobilisieren.

Antisemitismus ist eine der brutalsten Waffen, die Ausbeuterklassen zur Stabilisierung und Ausdehnung ihrer Machtpositionen anwenden. Diese Feststellung gilt ganz allgemein für alle Epochen der Geschichte, in welchen Judenhaß aufgetreten ist. Die blutigen Pogrome, die die mittelalterliche Geschichte für viele Städte Deutschlands, Spaniens und Frankreichs aufweist, die Massenvertreibungen von Juden aus verschiedenen Feudalstaaten Europas, die judenfeindliche Politik des russischen Zarismus während der letzten Dezennien seiner Existenz und auch die von dem Hitlerfaschismus begonnene planmäßige Vernichtung aller Menschen

jüdischer Herkunft – alles das geschah im Auftrage der jeweils herrschenden Klasse, war grausamer Ausdruck ihrer wirtschaftlichen und politischen Interessenverfolgung.
Mit dieser grundsätzlichen Kennzeichnung des Wesens vom Antisemitismus als Waffe reaktionärer Kräfte in der Geschichte des Klassenkampfes wollen wir seine Vielschichtigkeit, seine mannigfaltigen Erscheinungsformen und widerspruchsvollen Motivationen keineswegs in Abrede stellen. Im Gegenteil: eben weil es unterschiedliche Strömungen und Wirkungen des Antisemitismus gibt, ist es notwendig, zu ihrer gemeinsamen Basis vorzudringen und von hier aus zu urteilen. Jede andere Methode führt zu keinem gültigen Ergebnis, am ehesten noch zu Halbheiten oder Fehlurteilen, wenn nicht sogar zur Verfälschung des Klassencharakters judenfeindlicher Politik.

5. Reinhard Rürup: Emanzipation und Antisemitismus

Eine differenzierte Analyse der Ursachen und Formen des deutschen Antisemitismus im Kaiserreich hat erst in jüngster Zeit der in Berlin lehrende Historiker Reinhard Rürup vorgelegt. Er versucht, zusammenfassend verschiedene Faktorenbündel aufzuzeigen, die für den Aufstieg des Antisemitismus in den siebziger Jahren des vorigen Jahrhunderts verantwortlich waren, so die Sonderentwicklung der »Judenfrage der bürgerlichen Gesellschaft« in Deutschland, die wirtschaftlichen und politischen Entwicklungen, aber auch die besonderen Merkmale der jüdischen Bevölkerungsgruppe. Durch die Einordnung des Problems in größere historische Zusammenhänge in verschiedenen Bereichen greift seine Studie über frühere Untersuchungen hinaus.

Der aufsteigenden bürgerlichen Gesellschaft war es in Deutschland nicht gelungen, ihre »Judenfrage« als Emanzipationsproblem völlig zu lösen, eine gesicherte Integration zu verwirklichen; durch die sich über ein Jahrhundert erstreckenden Auseinandersetzungen hatten sich alte und neue Stereotypen der Judenfeindschaft verfestigt, war das Bewußtsein einer »Judenfrage« tief verwurzelt worden, galt die Stellung der Juden in der bürgerlichen Gesellschaft als problematisch und nicht selbstverständlich. Die Aspekte der Emanzipationspolitik und ihrer Resultate, an die eine antisemitisch gestellte »Judenfrage« anknüpfen konnte, sind in unserer Analyse des Emanzipationsprozesses im einzelnen herausgearbeitet worden. Daneben ist noch einmal zu betonen, daß die noch vorhandenen gruppenspezifischen Merkmale der Juden eine unleugbare Nähe zu den in der Krise so heftig beklagten Zügen der kapitalistischen Gesellschaft aufwiesen. Sie waren weit überproportional im Bankwesen, im Handel und der Presse vertreten, sie waren in weit höherem Maße als andere Bevölkerungsgruppen in den Städten, vor allem den großen Städten zu Hause, sie nutzten energisch die Aufstiegsmöglichkeiten der neuen Gesellschaft und repräsentierten in besonderem Maße die neue räumliche und soziale Mobilität, sie waren ihrer Situation entsprechend Wortführer der Traditionskritik und einer säkularisierten Kultur und Gesellschaft – sie waren, nimmt man alles in allem, als soziale Gruppe unbestreitbar Repräsentanten des liberal-kapitalistischen Wirtschaftssystems und der bürgerlichen Moderne. Dieser Gruppencharakter war unproblematisch, solange die wirtschaftliche Entwicklung ungebrochen positiv war und die bürgerlich-liberalen Normen die öffentliche Meinung beherrschten. Die Disproportionalitäten gegenüber der christlichen Bevölkerung waren nicht von der Art, daß sie von sich aus eine neue »Judenfrage« hätten auslösen können. Unter den Vorzeichen einer gesamtgesellschaftlichen Krise und eines tiefgreifenden ideologischen Klimawechsels reichten sie jedoch aus, einer einmal aufgeworfenen »Judenfrage« den notwendigen Schein von Berechtigung zu leihen und zugleich die »Judenfrage« ins Zentrum der gesamten Gesellschafts- und Kulturkritik treten zu lassen.

[...]
Im Zeitalter der Emanzipation waren die judenfeindlichen Äußerungen – in denen sich nahezu alle einzelnen Bestandteile der späteren antisemitischen Doktrinen nachweisen lassen – fast durchweg konkret auf die Juden und ihre Stellung in der bürgerlichen Gesellschaft bezogen worden. Man hatte die Rolle der Juden in der Gesellschaft für verderblich erklärt, aber man hatte in der Regel nicht vorgegeben, daß man durch eine bestimmte Lösung der »Judenfrage« andere, allgemeinere Probleme lösen könne, daß eine Erkenntnis der »Judenfrage« eine Erkenntnis der politischen und sozialen Grundfragen der jeweiligen Gegenwart ermögliche. Seit der zweiten Hälfte der siebziger Jahre nun wurde der radikale Antisemitismus zur »Weltanschauung«, und auch der gemäßigte Antisemitismus der Konservativen wies zumindest eine starke Tendenz zur »Weltanschauung« auf. Antisemitismus ist mehr als ein antijüdisches Programm, mehr als eine judenfeindliche Bewegung. Er zielt nicht nur auf die Aufhebung der Emanzipation und die soziale »Ausgrenzung« der Juden (der systematische Massenmord ist, obwohl durch manche Formulierung nahegelegt, in jener Zeit noch nicht vorstellbar), sondern glaubt, über die »Judenfrage« die Gesamtheit der aktuellen Probleme lösen zu können. Er offeriert ein Erklärungsmodell für die nicht verstandenen Entwicklungstendenzen der bürgerlichen Gesellschaft und suggeriert damit zugleich Lösungsmöglichkeiten für die wirtschaftliche, politische und kulturelle Krise der Gegenwart. Er bietet das Zerrbild einer Gesellschaftstheorie und ist mit seinem Versuch einer »einfachen« Erklärung der Verhältnisse Ausdruck des Theoriedefizits der in die Krise geratenen bürgerlichen Gesellschaft. Dabei tritt der manichäische[2] Ansatz des Antisemitismus bereits deutlich hervor, indem nicht nur die Welt in »Gut« und »Böse« eingeteilt, sondern die Verwirklichung des »Guten«

2. in Gut und Böse eingeteilt (nach der Lehre des persischen Religionsstifters Mani aus dem 3. Jahrhundert n. Chr. vom Kampf des Lichts gegen die Finsternis in der Welt).

allein durch die Zerstörung und Vernichtung des »Bösen« vorgestellt wird. Dieser Ansatz findet sich nicht nur bei den radikalen Antisemiten, sondern in abgeschwächter Form auch bei denjenigen, die etwa die »Zersetzungserscheinungen« in Kultur und Sitte durch das Aufwerfen der »Judenfrage«, durch die Zurückdrängung jüdischen Einflusses glaubten angemessen bekämpfen zu können. Im Rassismus bekommt diese Auffassung dann – ebenfalls noch in den siebziger Jahren – ihre scheinwissenschaftliche Grundlage, die die totalitären Tendenzen des Antisemitismus entscheidend verstärkt.

Judenverfolgungen vergangener Jahrhunderte hatten ebenso wie antijüdische Publikationen und Petitionsbewegungen im Zeitalter der Emanzipation stets auch politische Funktionen, indem sie von den Ursachen vorhandener Mißstände ablenkten und inhaltlich unbestimmte Proteststimmungen sich gegen die Juden entladen ließen. In den siebziger Jahren wurde nun die »Judenfrage« ganz bewußt als ein Instrument in den politischen Auseinandersetzungen eingesetzt. Konservativen wie Katholiken ging es nicht in erster Linie um die Lösung einer wie immer gearteten »Judenfrage«, sondern um die Mobilisierung von Massen und die Diffamierung des Gegners in ihrem Kampf gegen das herrschende liberale System. Die Funktion eines solchen manipulierten und instrumentalisierten Antisemitismus war eindeutig: Er ermöglichte eine Kritik an den gegebenen Verhältnissen, ohne deren reale Grundlagen in Frage zu stellen; er attackierte den »Geist« des Kapitalismus, das Bank- und Börsenwesen, nicht die kapitalistische Wirtschaftsordnung selber; er bedrohte Personen statt Institutionen; er äußerte eine radikale Kritik an den Mißständen eines bekämpften Systems, ohne mit revolutionären Konsequenzen zu drohen. Die Absicht und Funktion des konservativen und klerikalen Antisemitismus der siebziger Jahre war die Unterstützung einer antiliberalen, konservativen Systemänderung; der Angriff auf die Juden war eine Form der zulässigen, gefahrlosen Opposition im preußisch-deutschen Obrigkeitsstaat.

Daneben entstand gegen Ende der siebziger Jahre ein selbständig organisierter, radikaler Antisemitismus, der sich als eine antiliberale und antisozialistische, zugleich aber auch als eine antikonservative und antiklerikale Bewegung verstand. Hier handelte es sich um eine Protestbewegung, für die der Antisemitismus nicht nur Mittel im politischen Kampf, sondern Inhalt und Zweck ihres Kampfes war. Diese radikale Haltung brachte ihr das Mißtrauen und die Ablehnung der konservativen Kräfte und der Regierung ein; das änderte aber nichts daran, daß auch der selbständig organisierte Antisemitismus die objektive Funktion hatte, die realen Ursachen gesellschaftlicher Spannungen und Konflikte zu verschleiern und potentielle revolutionäre Energie zu kanalisieren und abzuleiten. Wahlerfolge stellten sich – in begrenztem Umfang – für diesen Antisemitismus erst gegen Ende der achtziger und Anfang der neunziger Jahre ein, aber selbst dann war er niemals stark genug für eine selbständige Politik.
Entscheidend dafür, daß der Antisemitismus der siebziger Jahre zu mehr als einem beliebigen, folgenlosen Randphänomen der Krise werden konnte, ist die Tatsache, daß die »Gründerkrise« in Deutschland einen säkularen Trendwechsel nicht nur in der Konjunktur, sondern auch in der Politik einleitete. Ausgelöst durch die wirtschaftliche Depression, geriet die bürgerliche Gesellschaft in Deutschland in ihre erste fundamentale Krise. Bis zum Beginn der siebziger Jahre war die bürgerlich-liberale Bewegung trotz aller ihrer Niederlagen und Kompromisse stets im Angriff gewesen. Die Geschichte erschien als eine Geschichte des Fortschritts und die Gesellschaft freier, mündiger Bürger als ihr Ziel. Konservative Theorie und Politik war geprägt durch die Abwehr eines als übermächtig empfundenen bürgerlichen »Zeitgeistes«, und über allen konservativen Positionen lag der Schatten der Resignation. Auch die politischen Gegner standen unter dem Druck der bürgerlichen Postulate von 1789. Das alles änderte sich nun unter dem Einfluß der Krise. Der ökonomische Optimismus, der zur Übernahme

liberaler Wirtschaftstheorien bis weit ins konservative Lager hinein geführt hatte, wurde jäh zerstört; hier wirkte sich langfristig die durch den Druck des amerikanischen und russischen Getreides verursachte strukturelle Agrarkrise besonders nachhaltig aus. Die durch den konjunkturellen Zusammenbruch verschärften sozialen Spannungen vermehrten die Zweifel an der Weisheit liberaler Gesetzgebungspolitik. Hinzu kamen die ungelösten Integrationsprobleme des eben erst geschaffenen Nationalstaates, kam die Aushöhlung liberaler Prinzipien durch Kulturkampf und Sozialistengesetz.

6. Hans Rosenberg: Antisemitismus und Wirtschaftskonjunktur

Eine der wesentlichsten Fragen, zu deren Klärung die Geschichtswissenschaft bei der Erforschung des Antisemitismus beitragen muß, ist die nach den Ursachen der antisemitischen »Wellen«, d. h., warum zu bestimmten Zeiten der Antisemitismus eine Art Hochkonjunktur erlebt, in anderen Zeitabschnitten dagegen nur latent oder gar nicht vorhanden ist. In seinem 1967 erschienenen, für die Entwicklung der Geschichte als historische Sozialwissenschaft bahnbrechenden Buch »Große Depression und Bismarckzeit« hat sich der in Kalifornien lebende Historiker Hans Rosenberg auch mit dieser Frage beschäftigt und darauf folgende Antwort gegeben:

Die Entwicklung des mitteleuropäischen Antisemitismus seit dem Übergang zur Industrialisierung ist in langen Wellen verlaufen. Seine Entfaltung ist durch das Alternieren von langfristigen Aufschwung- und Abschwungperioden gekennzeichnet gewesen. Die soziale Reichweite und die Intensität der Judenfeindschaft und des Judenhasses und damit zugleich die Anfälligkeit für antisemitische Ideologien und entsprechende politische Parolen waren starken Schwankungen unterworfen, die nur von Fall zu Fall durch eine differenzierende, die jeweiligen historischen Umstände abwägende Untersuchung plausibel gemacht werden können. So beharrlich und tiefgehend jedoch war der aufrüttelnde unmittelbare und mittelbare Einfluß der »permanenten ökonomischen Revolution« auf das Gemütsleben und die Gesinnungsverlagerung der Menschen und damit zugleich auf Gesellschaft und Politik, daß ohne Berücksichtigung der wirtschaftlichen Entwicklungstendenzen Erklärungsversuche in der Luft hängen würden. Denn zu den elementaren Voraussetzungen des modernen Antisemitismus gehören, wie nochmals mit Nachdruck festzustellen ist, der radikale Wandel der Wirtschafts- und Gesellschafts*struktur* ebenso wie die den Zeitgenossen nicht immer bewußt gewordenen Auswirkungen der Wirtschafts*konjunktur*. Die Tatsache, daß eine überkommene, ständisch gebundene, von vielen als ehrwürdig empfundene Welt vom Untergang bedroht war, verursachte nicht nur wirtschaftliche Unsicherheit und soziale Unruhe, sondern vor allem auch psychische Störungen, die in Halluzinationen und irrationalen Reaktionsweisen ihren Ausdruck fanden. Hatte die liberale Emanzipationsgesetzgebung die rechtlichen Vorbedingungen für die Entfaltung des mitteleuropäischen Judentums im wirtschaftlichen und beruflichen Wettbewerb und im Bildungswesen geliefert, so war es doch erst die glänzende Ausnutzung der Erziehungs- und Marktchancen durch einen erstaunlich hohen Prozentsatz der jüdischen Bevölkerung, die ihren geradezu meteorenhaften Aufstieg soziale Wirklichkeit werden ließ. Erst durch diesen kollektiven, sozusagen provozierenden Leistungserfolg sind für die modernen Antisemiten, deren Motive und Denkkategorien nicht selten nichtökonomisch oder antimaterialistisch waren, »der Erzfeind«, »die Fremdlinge in unserem Heim« und »die Ursachen des Unglücks« überhaupt geschaffen worden. Die langen wie die kurzen Wechsellagen des Wirtschaftslebens waren vorübergehende Erscheinungen, die auf die säkulare Entwicklung des modernen Antisemitismus erhitzend oder abkühlend zurückwirkten. Daß ein Wirkungs- und Sinnzusammenhang zwischen der Dynamik des Wirtschaftsablaufs und dem Wachstumsprozeß des Antisemitismus bestanden hat, wird jedenfalls nahegelegt durch die bemerkenswerte Korrelation, dergemäß bis zum Zweiten Weltkrieg das langfristige Anschwellen und Abflauen der akuten Judenfeindschaft umgekehrt proportional zu den langen Schwingungen der Wirtschaftslage und der sozialen Spannungen verlief.

So war die Trendperiode der Großen Depression für den modernen Antisemitismus die große Gründer- und seine erste Hochschwungepoche. Ihr folgte sein Niedergang in der so befriedigenden Hochindustrialisierungsepoche von 1896 bis 1914, in der auch die Landwirtschaft und das Kleingewerbe wieder zu Kräften kamen. Schlagartig jedoch und steiler denn je zuvor stieg nach dem Zusammenbruch der mitteleuropäischen Kaiserreiche und im Verlauf der krisen- und kalamitätenreichen Trendperiode von 1918 bis 1939 die antijüdische Haßwelle wieder an, ehe die Massenmordfabriken des Nationalsozialismus mit der Verwirklichung des Vernichtungsgedankens und Vernichtungswillens einen säkularen Trend zu Ende führten, dessen Anfänge bis in die 1870er Jahre zurückreichen.

Außer den langen Schwingungen gab es aber auch ein kurzfristiges Auf und Ab in der Konjunkturgeschichte des modernen Antisemitismus. So stand seine Dynamik während der Großen Depression in einem auffallend engen Reaktionsverhältnis zu den kurzen Wechsellagen der Wirtschaft. Denn die antisemitische Erregung und Agitation, als Gesamterscheinung gesehen, steigerte sich zu zwei scharf sich abhebenden Haussephasen, die mit den intensivsten zyklischen Tiefkonjunkturspannen des Wirtschaftsablaufs, den Jahren 1873 bis 1878 und 1890 bis 1894, einsetzten, jedoch etwas länger anhielten, da die Entspannung der aufgeregten Gemüter mehr Zeit brauchte als der gefühllose Marktmechanismus, um für einige Zeit wieder »normaler« zu werden. Selbst in den 1920er Jahren, als die Judenhetze chronisch und rabiater und das schleichende Gift des Rassenantisemitismus in der Wirkung verheerender wurde, hat es noch ein kurzbefristetes Abkühlungsstadium gegeben, das bezeichnenderweise mit der Zeit der Prosperitätsjahre 1925 bis 1928 zusammenfiel. In gewissem Sinne kann man in der Tat sagen: Seit 1873 »stieg der Antisemitismus, wenn der Aktienkurs fiel«.

7. Theodor W. Adorno: Kritik an einer ökonomischen Interpretation des Antisemitismus

Alle bisherigen Texte haben ökonomischen Motiven einen wesentlichen oder sogar entscheidenden Stellenwert bei der Erklärung der Ursachen des Antisemitismus eingeräumt. Diese Auffassung ist nicht unbestritten. Kritik daran wird vor allem von seiten der Psychologie geübt. Aber auch der Soziologe Adorno hat auf der Grundlage umfangreicher empirischer Untersuchungen, die von einem Forscherteam mit den verschiedensten Methoden in der zweiten Hälfte der vierziger Jahre in den USA durchgeführt und in dem 1950 erschienenen Buch »The Authoritarian Personality« veröffentlicht worden sind, diese Auffassung in Frage gestellt. Allerdings bildete der Antisemitismus nur den Ausgangspunkt und einen wichtigen Teilaspekt der umfassenderen Studie, die sich die Erhellung der Charakterstruktur des »potentiell faschistischen Individuums« zum Ziel gesetzt hatte. Auch der folgende kurze Auszug aus der Einleitung des Buches ist daher nicht speziell auf den Antisemitismus bezogen, jedoch sinngemäß auf ihn anwendbar, da der Antisemitismus eine der untersuchten Ideologien war.

Zugleich wurde jedoch in Betracht gezogen, daß wirtschaftliche Motive nicht die beherrschende und entscheidende Rolle für das Individuum spielen mögen, die ihnen zumeist beigelegt wird. Wenn einzig das wirtschaftliche Eigeninteresse die Meinungen bestimmte, müßten die Meinungen von Personen mit gleichem sozioökonomischem Status sich sehr nahekommen und die der verschiedenen sozioökonomischen Gruppen sich sinnvoll voneinander unterscheiden. Einen stichhaltigen Beweis für diese Annahme haben unsere Studien nicht erbracht. Bei Personen mit gleichem sozioökonomischem Status zeigen sich nur ganz allgemeine Ähnlichkeiten, und die Ausnahmen sind eklatant; die Abweichungen zwischen den sozioökonomischen Gruppen dagegen sind selten eindeutig. Um zu erklären, warum Personen mit gleichem sozioökonomischem Status so häufig verschiedenen Ideologien und solche mit verschiedenem Status so häufig gleichartigen Ideologien anhängen, müssen andere als rein wirtschaftliche Bedürfnisse zugrunde gelegt werden.

8. Fritz Bernstein: Antisemitismus als Gruppenerscheinung

Während Historiker in erster Linie darauf abzielen, die Ursachen des Antisemitismus in einer spezifischen geschichtlichen Situation möglichst umfassend und vielschichtig zu erforschen, versucht die Soziologie die allgemeinen, von einer bestimmten historischen Situation unabhängigen gesellschaftlichen Ursachen des Antisemitismus herauszuarbeiten. Dazu dient im folgenden Text der gruppensoziologische Ansatz. Er ist einem 1926 in Berlin erschienenen Buch zur »Soziologie des Judenhasses« entnommen, dessen Verfasser zu dieser Zeit als Kaufmann und Geschäftsführer der Zionistischen Organisation in Holland tätig war. Er wanderte 1936 nach Palästina aus, wo er – unter dem Namen Peretz Bernstein – als Redakteur und Herausgeber verschiedener Zeitungen arbeitete, aber auch weiterhin führende Positionen in der Zionistischen Organisation bekleidete. Nach Gründung des Staates Israel war er einige Jahre

Handelsminister, ab 1961 Vorsitzender der Liberalen Partei.
Sein kaum beachtetes Buch von 1926 ist die bis heute einzige ausführliche Interpretation des Antisemitismus unter gruppensoziologischem Aspekt. Da der Verfasser kein ausgebildeter Soziologe war, benutzt er allerdings Begriffe, die besonders in der heutigen Soziologie kaum mehr verwendet werden. Um so erstaunlicher ist jedoch, daß er z. B. mit Hilfe der Begriffe »Schmerz«, »Feindschaft« und »Übertragung« ein Erklärungsmuster zur Entstehung von Gruppenfeindschaft beschreibt, das genau mit der später in der Sozialpsychologie entwickelten Frustrations-Aggressions-Verschiebungs-Hypothese (vgl. Text 16) übereinstimmt. Der folgende Auszug aus der Zusammenfassung gibt seine grundsätzliche Position wieder.

Mit der Besprechung der antisemitischen Erscheinungsformen sind wir am Ende unserer Betrachtung. Sie sollte zeigen, daß der Antisemitismus als Spezialfall einer Allgemeinerscheinung anzusehen ist. Er stellt sich als eine Gruppenfeindschaft dar, die ihrerseits in den Bereich der allgemeinen Gruppenerscheinungen gehört. Die Gruppe ist als das Instrument zur Verteilung und Äußerung von Liebe und Haß beschrieben worden; aus der Beschreibung folgt, daß Nachbargruppen gleicher Kategorie zueinander in Gegensatz stehen müssen. Die zwischen den Gruppen herrschende Spannung und die zur Äußerung gelangende Feindschaft ist keineswegs das Produkt von Eigenschaften oder Handlungen der Gegengruppe; in der Spannung wirken Schmerzen heterogensten Ursprungs, die in äußerungsbereite Feindschaftsgefühle umgesetzt und an deren Entstehen die Objekte der Feindschaft durchweg ganz unbeteiligt sind. Was die Feindschaft erregt zu haben scheint, was von Außenstehenden zu ihrer Erklärung und von den Beteiligten zu ihrer Entschuldigung herangezogen wird, ist nur der Anlaß, der die Feindschaftsäußerung durch Lieferung einer Rechtfertigungsvorstellung ermöglicht.

Der Antisemitismus stellt sich als die besondere Form der Gruppenfeindschaft dar, welche gegen schwache und unterlegene ethnische Minoritätsgruppen gerichtet ist. Deren Schwäche und Wehrlosigkeit verleiht der Antagonie, in der sie sich der Majoritätsgruppe gegenüber befinden, jene Einseitigkeit, bei welcher die Majoritätsgruppe ausschließlich aggressiv, die Minoritätsgruppe kaum verteidigend auftritt. Die Minoritätsgruppe ist häufig ausgesprochener Verfolgung ausgesetzt, kann sich partieller Vernichtung nicht immer durch die Flucht entziehen und erliegt nicht selten den zersetzenden Einflüssen der Versklavung.
Eine Besprechung der antisemitischen Erscheinungsformen mußte zeigen, daß die verschiedenartigen Feindschaftsäußerungen gegen die Juden keine Sondererklärungen zulassen, sondern daß auch da die Scheinursachen nur Anlässe, nur Äußerungsvorwand einer gleichartigen und tieferliegenden Feindschaft sind, die sich mit all ihren Äußerungen und Folgen in die allgemeinen Gruppenerscheinungen einreiht. Man kann höchstens sagen, daß die Eigenart der jüdischen Diaspora dem Antisemitismus einige besondere, aber keineswegs wesentliche Züge zufügt; ethnische Gruppen, die vollständig isoliert und wehrlos sind, keinerlei Kraftzentrum besitzen, aber trotzdem als zusammengehörig empfunden werden, kommen sonst wohl kaum in einer dem jüdischen Dasein vergleichbaren Weise vor; aber dieser Umstand ändert nichts am Entstehungsgrund, der Heftigkeit und den Äußerungen der Judenfeindschaft. Dagegen wirkt die überall und immer wieder gegen die jüdischen Gruppen gerichtete Feindschaft durch ihre Verbreitung und Dauer stark auf die menschliche Phantasie und erweckt den Eindruck einer auch dem Wesen nach nicht vergleichbaren Sondererscheinung; dieser Eindruck ist irreführend, da sich alle charakteristischen Merkmale der Judenfeindschaft in anderen Gruppenfeindschaften wiederfinden lassen, so daß nur die Eigenart des Objektes der gegen dieses gerichteten Feindschaft ein besonderes Gepräge verleiht.

9. Talcott Parsons: Die Juden als Objekt von Aggressionen

Ebenfalls von einem gruppensoziologischen Ansatz geht der amerikanische Soziologe Talcott Parsons aus, der in einem 1942 veröffentlichten Aufsatz zur Soziologie des modernen Antisemitismus unter anderem ausführlich die Frage erörtert, warum gerade die jüdische Bevölkerungsgruppe immer wieder das Ziel von gesellschaftlich verursachten Aggressionen wird.

Antisemitismus ist ein Ausdruck sozialer Desorganisation. Eine Gesellschaft, die sich in diesem Zustand befindet, erzeugt bei der benachteiligten Gruppe ein Gefühl der Unsicherheit, das wiederum weitreichende Folgen für die Gesellschaft als Ganzes hat. Der wichtigste Aspekt der Unsicherheit ist ein Gefühl der Frustration, das normalerweise von einem Gefühl der Ungerechtigkeit begleitet ist. Der durchschnittliche Mensch, der sich in einem Zustand der Unsicherheit befindet, ist sich in der Regel keineswegs der wirklichen Ursachen seiner Gefühle voll bewußt, wenn er sich überhaupt dieser Gefühle bewußt ist. Frustration und ein Gefühl der Ungerechtigkeit sind wiederum eng mit dem verbunden, was die Psychoanalytiker »Aggression« nennen; also einem Gefühl der Feindseligkeit und des Grolls [...]. Dies wird viel eher unterdrückt, als daß ihm freier Lauf gelassen wird. Aber je unsicherer eine Person in diesem Sinn ist, desto offensichtlicher tendiert ihre Aggression dazu, einen diffusen Charakter anzunehmen, zu einer Art »freischwebenden Aggression« zu werden. Das Ergebnis ist zweifacher Art. Individuen in dieser Situation neigen dazu, emotional unsicher zu sein und mit einer emotionalen Intensität auf Dinge zu reagieren, die in keinem Verhältnis zum eigentlichen Anlaß steht; mit anderen Worten, sie zeigen »Überreaktion«. Allgemein gesprochen wird die Wahl eines Objekts für eine solche übertriebene Reaktion durch die symbolische Bedeutung bestimmt, die das Objekt, oft auf einer unbewußten Ebene, für die Handelnden besitzt. Was symbolisch bedeutsam ist, kann sich – entsprechend den besonderen Umständen der Lebensgeschichte eines jeden – von Individuum zu Individuum gewaltig unterscheiden. Aber vieles spricht dafür, daß es gewisse Symbole gibt, die von mehr als bloß individueller Bedeutung sind, und daß eine der Determinanten solcher Symbole in der Sozialstruktur der jeweiligen Gruppe zu sehen ist. Von diesem Standpunkt aus ist der Antisemitismus zweifellos ein Ausdruck dieser Situation. Daher erhebt sich die Frage: Warum bilden die Juden ein besonders geeignetes Symbol, auf das sich aggressive Haltungen projizieren lassen, die durch einen allgemeinen Zustand der Anomie[3] in der modernen Gesellschaft verursacht werden?

Bevor das Problem direkt angegangen werden kann, ist es notwendig, auf die Hypothese des überzeugten Antisemiten einzugehen, daß der Antisemitismus einfach eine normale Reaktion von völlig sicheren und ausgeglichenen Personen auf die ihnen zugefügten echten Schädigungen und Beleidigungen darstelle. Selbstverständlich ist ein gewisses Maß an realen Konflikten unvermeidlich, wo eine enge Beziehung zwischen Bevölkerungsgruppen besteht, die im Grunde so verschieden in ihren Haupttraditionen sind, wie dies bei Juden und Christen, besonders bestimmten Gruppen von Christen, der Fall ist. Es dürfte klar sein, daß die Lage der Juden – solange es noch wirkliche Diskriminierung gibt – von ihrem Standpunkt aus keinesfalls ideal ist. Die bloße Tatsache, daß sie auffallend anders waren, hat ausgereicht, um Spannungen zu erzeugen. Sie hatten einen anderen Glauben, sie verweigerten Mischehen, sogar als es von der anderen Seite gewünscht wurde, sie schienen manchmal unhöflich zu sein, wenn sie die Gastfreundschaft des Christen ausschlugen, und sie betrachteten sich als ein besonders auserwähltes Volk in einer Weise, die für Leute, die nicht den jüdischen Glauben teilten, oft irritierend erscheinen

3. Regellosigkeit; von dem französischen Soziologen Emile Durkheim geprägter Begriff für den krisenhaften Zustand einer Gesellschaft.

mußte. Deshalb kann ein gewisses Maß an Spannung und beiderseitigem Argwohn und Gegensatz als »normal« betrachtet werden. Psychologisch gesprochen können die Juden daher schon allein aus dem Grund, daß sie in der nichtjüdischen Gesellschaft eine out-group bilden, als ein geeignetes symbolisches Objekt für aggressive Gefühle angesehen werden.

Ein weiterer wichtiger Grund für diese Haltung auf seiten der Christen liegt wahrscheinlich darin, daß eine enge geschichtliche Verbindung im religiösen Leben von Juden und Christen besteht, da sie beide an den gleichen Gott und das gleiche heilige Buch, das Alte Testament, glauben. Familienstreitigkeiten sind sprichwörtlich oft die heftigsten, und wenn eine allgemeine Bereitschaft zur Feindseligkeit vorhanden ist, dann können Formeln wie »Sie haben Christus umgebracht« oder ähnliches viel dazu tun, die Flammen zu entfachen, während völlige Fremdheit im Sinne des Fehlens jeglicher gemeinsamen Traditionen weniger zu Spannungen führen würde.

Überdies sind die Juden eine Gruppe, die als Individuen in aktivem wirtschaftlichem Wettbewerb mit Christen stehen. Die Tatsache, daß sie in diesem Wettbewerb ungewöhnlich erfolgreich sind, macht sie, wie schon erwähnt, zu einem besonders angreifbaren Ziel für Aggressionen und die damit verbundenen Rationalisierungen. Auch die Tatsache, daß sie auf bestimmten Gebieten stark konzentriert sind, ist ein weiterer Grund, um böse Gefühle gegen sie zu nähren, und zwar sowohl weil diese Gebiete in der größeren Gesellschaft hohes Prestige genießen, als auch weil sie nach allgemeiner Auffassung in vieler Hinsicht von entscheidender symbolischer Bedeutung sind. Symbolisch bedeutsame Schlagwörter, die gewöhnlich von Antisemiten in Verbindung mit Juden gebraucht werden, wie »Kapitalismus«, »Radikalismus«, »Immoralität«, »Ungläubigkeit« u. ä., werden leicht diesen Teilen der Gesellschaftsstruktur angehängt.

Die von den Juden vertretene Idee des »auserwählten Volkes« ist ohne Zweifel eine weitere Quelle von Spannung. Nichtjuden verübeln gewöhnlich die Arroganz des Anspruchs, daß eine Gruppe, die in gewissem Sinn »Gast« in ihrem Land ist, einen höheren Status beansprucht als das »Wirtsvolk«. Dieses Überlegenheitsgefühl auf seiten der Juden ist natürlich ein universales Phänomen, das von allen Völkern geteilt wird, sowohl von primitiven als auch von zivilisierten; und im Fall der Juden hat es wahrscheinlich mehr als bei andern dazu beigetragen, ihre Moral aufrechtzuerhalten und den jahrhundertelangen Verfolgungen und Mißhandlungen zu trotzen. Aber daß es vom »Wirtsvolk« sehr übelgenommen werden kann, ist leicht einzusehen. Schließlich leiden die Juden aufgrund ihrer besonderen Stellung in der Welt zweifellos in einem weit größeren Maß als die meisten anderen Gruppen, vielleicht mit Ausnahme der amerikanischen Neger, unter einem Gefühl der Unsicherheit; folglich werden sie leichter aggressiv. Dies wiederum wird von den Nichtjuden übelgenommen und wird so zu einer weiteren Quelle von Spannungen und Unlustgefühlen.

10. Arnold Rose: Antisemitismus als City-Haß

Ein weiterer Teilaspekt der symbolischen Funktion der jüdischen Gruppe im Antisemitismus wird durch den folgenden Text beleuchtet. Obwohl er sich speziell auf die Verhältnisse in den Vereinigten Staaten bezieht, dürfte seine Aussage auch für andere durch Urbanisierung geprägte Industriegesellschaften nicht ohne Relevanz sein.

Obgleich die Menschen friedliche und freundliche Beziehungen zu anderen wünschen, ist dieses Streben durch unsere heutige technische Kultur – besonders durch die Kultur der Städte, die die Gemüter der Menschen mit Unsicherheit und Unbestimmtheit überwältigt – unglücklich gestört. In den Städten sind die persönlichen Kontakte verringert. Buchstäblich und wirklich beherrscht uns das Gesetz der großen Zahl. Zentrale Verwaltungen ersetzen immer mehr bekannte, durchsichtige Verwaltungsarten. Die Werbung beherrscht unseren Lebensstandard und unsere Wünsche. Riesige Industriegesellschaften füllen die Landschaft mit gewaltigen Fabrikanlagen, ordnen unsere Arbeit, unser Einkommen und unsere Sicherheit. Persönliche Geschicklichkeit und die eigene Anstrengung sowie Abmachungen zwischen persönlichen Partnern haben nicht mehr viel Wirksamkeit. Angst vor den großen undurchsichtigen Mächten befällt uns. Das Leben in den Großstädten erscheint uns unmenschlich, unpersönlich und gefährlich. Wir fürchten und hassen unser hilfloses Ausgeliefertsein.

Was hat diese städtische Unsicherheit mit dem Vorurteil zu tun? Erstens, als Massenmenschen folgen wir den zeitbedingten Konventionen. Der Snob-Appeal der Werbung (Verlockung zum Prestigegewinn) trifft uns tief. Wir wünschen uns mehr schöne Sachen, mehr Luxus, mehr Status. Der uns von der Werbung aufgezwungene Lebensstandard ruft den Neid der armen Leute hervor, die das vorgeschriebene Niveau der materiellen Existenz nicht erreichen. Also blicken wir auf die ökonomisch unter uns stehenden Gruppen herab – auf die Neger, die Einwanderer und auf die Landbevölkerung. (Hier bekommen wir Zustimmung von der marxistischen Seite.)

Aber während wir einerseits die materialistischen städtischen Werte übernehmen, hassen wir andererseits die Stadt, die sie erzeugt. Wir hassen die Herrschaft von Finanz- und unehrlicher Politik. Wir verachten die Eigenschaften, die sich im harten städtischen Wettbewerb entwickeln. Wir verabscheuen alle, die kriecherisch, unehrlich, selbstsüchtig, zu geschickt, zu ehrgeizig sind, die vulgär, laut und betriebsam sind und nur wenig von den altmodischen Tugenden an sich haben. Diese urbanen Charaktereigenschaften wurden im Juden personifiziert. »Die Juden werden heute gehaßt«, schreibt Arnold Rose, »weil sie in erster Linie ein Symbol für das Stadtleben sind.«* Sie sind Symbole vor allem für das ungeheure, allesbeherrschende, so gefürchtete New York. Die City hat uns unsere Männlichkeit genommen. Dafür hassen wir das Symbol der City, den Juden.

11. Earl E. Davis: Definition des sozialen Vorurteils

Da in dem vorigen Text, häufiger aber noch in den folgenden Texten der sozialwissenschaftliche Begriff des Vorurteils verwendet wird, soll hier eine der bekanntesten Definitionen des sozialen Vorurteils folgen.

Bevor nun eine Arbeitsdefinition des Vorurteils versucht wird, sind noch zwei Einschränkungen vorzunehmen. Es gibt natürlich Vorurteile den verschiedensten Objekten gegenüber. Man kann z. B. Vorurteile gegen Amerikaner, aber auch gegen bestimmte Speisen haben. Im letzteren Fall ist es aber fraglich, ob das Wort »Vorurteil«, wie es im sozialwissenschaftlichen Sprachgebrauch verwendet wird, adäquat ist oder ob nicht andere Bezeichnungen diesen Sachverhalt besser treffen. Auf jeden Fall wollen wir uns hier auf *soziale* Vorurteile beschränken, d. h. auf solche, die sich gegen bestimmte Menschen oder Menschengruppen richten. Es gibt sowohl *positive* als auch *negative* Vorurteile. Jedoch wollen wir hier, dem heutigen Sprachgebrauch folgend, unter Vorurteilen nur die negativen verstehen. (Gewisse Anzeichen sprechen sogar dafür, daß positive Vorurteile leicht in negative umschlagen können.) Damit könnte eine vorläufige Arbeitsdefinition des Vorurteiles wie folgt lauten: »Vorurteile sind negative oder ablehnende Einstellungen

* A. Rose: Anti-Semitism's root in city hatred. In: Commentary, 1948, 6, S. 374–378; ebenfalls veröffentlicht in A. Rose (Hrsg.): Race Prejudice and Discrimination. New York: Alfred A. Knopf 1951. 49. Kap.

einem Menschen oder einer Menschengruppe gegenüber, wobei dieser Gruppe infolge stereotyper Vorstellungen bestimmte Eigenschaften von vornherein zugeschrieben werden, die sich auf Grund von Starrheit und gefühlsmäßiger Ladung, selbst bei widersprechender Erfahrung, schwer korrigieren lassen.«

12. Gordon W. Allport: Sozio-kulturelle Faktoren der Entstehung von Vorurteilen gegen Minderheiten

In seinem Standardwerk über die »Natur des Vorurteils« hat der amerikanische Psychologe Allport eine Reihe gesellschaftlicher Faktoren aufgezählt, die die Verbreitung von Vorurteilen gegen Minderheiten fördern.

Wie wir berichtet haben, betonen einige Theoretiker aus Vorliebe oder aus Berufsgründen die *kulturelle Verursachung*. Historiker, Anthropologen und Soziologen sind an den von außen kommenden Einflüssen interessiert, die die Einstellungen des Individuums formen. Dagegen möchten Psychologen wissen, wie diese Einflüsse in die lebendige Verbindung des individuellen Lebens hineingelangen. Beide Ansätze sind nötig. In diesem Kapitel wollen wir uns dem ersteren Ansatz widmen.

Auf der Grundlage des bis heute Erforschten können wir sagen, daß es mehr vorurteilshafte Menschen geben wird in Zeiten und an Orten, wo folgende Bedingungen vorherrschen:

Wo die soziale Struktur durch Heterogenität bestimmt ist.
Wo vertikale Mobilität möglich ist.
Wo ein schneller sozialer Wechsel geschieht.
Wo Unwissenheit und Schranken der Kommunikation bestehen.
Wo der Umfang einer Minderheit groß ist oder im Wachsen begriffen ist.

Wo direkter Wettbewerb und realistische Gefahren bestehen.

Wo Ausbeutung wichtige Interessen der Gemeinschaft unterstützt.

Wo die die Aggression regulierenden Sitten Bigotterie begünstigen.

Wo traditionelle Rechtfertigungen für Ethnozentrismus[4] vorliegen.

Wo weder Assimilierung noch kultureller Pluralismus begünstigt werden.

13. Bruno Bettelheim / Morris Janowitz: Antisemitismus und soziale Mobilität

Ein auf den Antisemitismus bezogenes Beispiel für die empirische Untersuchung eines der von Allport genannten Faktoren – der vertikalen Mobilität – bringt der folgende Text, der die Ergebnisse einer Befragung von amerikanischen Kriegsveteranen des 2. Weltkriegs durch die amerikanischen Forscher Bettelheim und Janowitz referiert.

Die Forscher Bettelheim und Janowitz entdeckten, daß nicht der gegenwärtige Status einer Person in der Gesellschaft das entscheidende ist; entscheidend ist vielmehr, ob sich ein Status in einer Aufwärts- oder Abwärtsbewegung befindet; dies reguliert seine Vorurteile. Die dynamische Erfassung der sozialen Mobilität hat sich als wichtigerer Faktor herausgestellt als alle statischen demographischen Variablen. Diese Ergebnisse können uns erklären, warum die meisten Forscher keine wesentlichen Beziehungen zwischen Vorurteil und solchen Variablen wie Alter, Geschlecht, Religion oder Einkommen fanden. Es erklärt uns,

4. auf den amerikanischen Soziologen W. G. Sumner zurückgehende Bezeichnung für die Verabsolutierung der Werte und der Lebensweise der eigenen Gruppe, vor allem des eigenen Volkes.

warum die Kovarianz[5] mit besserer Erziehung nicht besonders ausgeprägt ist. Sozialer Aufstieg oder Abstieg ist anscheinend der wichtigere Faktor.
Die in dieser Untersuchung erfaßten Veteranen wurden aufgefordert, ihre Berufssituation vor ihrer Einziehung zur Armee und ihre Berufssituation nach dem Krieg, d. h. zur Zeit des Interviews, zu nennen. Einigen Männern gelang es nicht, ihren Vorkriegsstatus wieder zu erreichen; andere fanden gleichwertige Beschäftigungen und wieder andere bessere. Teilt man die Fälle nach diesen drei Arten verschiedener Mobilität, so ist das Ausmaß an geäußertem Antisemitismus zwischen ihnen beeindruckend verschieden. Die Anzahl der Fälle bei dieser Untersuchung war nicht groß, aber der sich zeigende Trend ist bedeutsam. Die auf der Berufsleiter Abgestiegenen waren viel antisemitischer als die Aufgestiegenen.

Antisemitismus und soziale Mobilität
(nach Bettelheim und Janowitz: *Dynamics of Prejudice*, S. 59)

	Absteigend %	Keine Veränderung %	Aufsteigend %
Tolerant	11	37	50
Stereotypisch	17	38	18
Kraß geäuß. Vorurteile	72	25	32
Zusammen	100	100	100

14. Béla Grunberger: Kritik an den gesellschaftlichen Erklärungen des Antisemitismus

Kritik an allen Erklärungsversuchen des Antisemitismus aus bestimmten gesellschaftlichen Bedingungen übt der Pariser Psychoanalytiker Grunberger, der dagegen die grundsätz-

5. Zusammenhang.

liche Gleichheit und Zeitlosigkeit des Antisemitismus trotz Änderung der gesellschaftlichen Verhältnisse hält. Er vertritt damit die in der tiefenpsychologischen Deutung des Antisemitismus vorherrschende Position.

Soziologische, politische, ökonomische und ethnologische Erklärungen treffen häufig nur einige begrenzte, oft oberflächliche Aspekte antisemitischer Manifestationen. Die bemerkenswerte Konstanz und Kontinuität, mit denen der Antisemitismus trotz grundlegender Verschiedenheit jeweiliger gesellschaftlicher Verhältnisse immer wiederkehrt, beweist in der Tat, daß diese Erklärungsversuche eher als Rationalisierungen zu werten sind. Allenfalls sind die angeschuldigten Ursachen Folgezustände früherer und tieferer psychologischer Faktoren.
Offensichtlich kann eine Propaganda, die sich im geeigneten Augenblick einer bestimmten politisch-soziologisch-ökonomischen Konstellation anpaßt, den Antisemitismus hervorrufen. Es ist aber gerade die Unfehlbarkeit dieser immer wieder erfolgreichen Taktik, um deren Verständnis wir uns bemühen müssen. Darüber hinaus erscheint der derart hervorgerufene Antisemitismus immer wieder in der gleichen Form, die unabhängig von den strukturellen Änderungen der sie angeblich hervorrufenden gesellschaftlichen Verhältnisse ist.

15. Peter Loewenberg: Die Psychodynamik des Antijudentums

Eine Zusammenfassung der in seinen wesentlichen Teilen auf Sigmund Freud zurückgehenden tiefenpsychologischen Antisemitismustheorie bringt der folgende Text. Im Gegensatz zu den meisten sozialwissenschaftlichen Erklärungsmodellen werden in dieser Theorie ganz spezifische, d. h. nicht auf andere Minderheitengruppen übertragbare Faktoren als eigentliche Ursachen des Antisemitismus angesehen.

Während der letzten 1000 Jahre sind die Juden wegen eines Komplexes von spezifischen und anscheinend zeitlosen Beschuldigungen verfolgt worden, die völlig irrational sind und keinerlei von Tatsachen getragene objektive Basis haben. Diese Beschuldigungen beinhalten Gottesmord: den von den Juden ausgeführten Mord an Christus; die Entweihung der Hostie: das Durchbohren und Ausbluten der heiligen Hostie in Kirchen; und Ritualmord: das Entführen und rituelle Töten christlicher Kinder zu Ostern und das Verwenden deren Blutes beim feierlichen Pessachmahl. Wegen dieser aus der Luft gegriffenen Phantasien mußten Millionen von Juden sterben.

Wenn diese Beschuldigungen immer wieder aufgegriffen werden, obwohl sie *ad nauseam*[6] widerlegt wurden, und wenn keinerlei vernünftige Erörterung des Themas diese Mythen zur Ruhe bringen kann, dann müssen sie eine mächtige psychologische Wahrheit enthalten. Es muß diesen Phantasien eine versteckte latente Bedeutung unterliegen, die nicht untergehen will. Der psychologische Zugang zu diesen Inhalten ist es, sie als Evidenz unbewußter Phantasien zu deuten, die symbolische Signifikanz besitzen. Wir müssen die Fassade beseitigen, die diese Beschuldigungen verstellt, und die unbewußte Bedeutung, die hinter ihr liegt, aufdecken, ebenso wie wir dies mit anderen irrationalen Phantasien tun.

Die unbewußten Kräfte, die sich im Judenhaß manifestieren, sind ein vernachlässigter und besonders beziehungsreicher Aspekt des Problems, da dadurch der irrationale Kern des Antijudentums in den Blickpunkt gerückt wird. Im allgemeinen neigten die Historiker dazu, die Rolle der unbewußten Kräfte des Judenhasses zu übersehen, da diese unmittelbar die Aufmerksamkeit auf die emotionellen Aspekte des Problems lenken; sie wandten sich anstatt dessen den ihnen besser bekannten *»rationalen«* und *»objektiven«* Faktoren zu.

6. bis zum Überdruß.

Während seines ganzen Lebens behandelte Sigmund Freud das Problem des Antijudentums in seinen Schriften. Seine eingehendste Feststellung machte er kurz vor seinem Tod, als er vor den Nazis in England Zuflucht suchte. Von seinem Exil aus untersuchte er den Wahnsinn des Judenhasses, der seine zentraleuropäische Heimat terrorisierte. Er schrieb: »*Ein Phänomen von der Intensität und Dauerhaftigkeit des Judenhasses der Völker muß natürlich mehr als nur einen Grund haben. Man kann eine ganze Reihe von Gründen erraten, manche offenkundig aus der Realität abgeleitet, die keiner Deutung bedürfen, andere tieferliegende, aus geheimen Quellen stammend, die man als die spezifischen Motive anerkennen möchte ... Die tieferen Motive des Judenhasses wurzeln in längst vergangenen Zeiten, sie wirken aus dem Unbewußten der Völker, und ich bin darauf gefaßt, daß sie zunächst nicht glaubwürdig erscheinen werden.*«*

Freud wies die manchmal zur Erklärung des Antijudentums vorgebrachten »*in der Wirklichkeit wurzelnden Ursachen*«, wie etwa den angeblichen »*Fremdenstatus*« der Juden oder die Tatsache, daß die Juden überall eine Minderheit bilden, zurück, da sie keiner ernsthaften Erwägung standhalten.

Er erforschte die tiefen unbewußten Motive. Der Entdecker des Ödipuskomplexes erkannte die ungelösten Mordgelüste der Söhne den Vätern gegenüber als die tiefste Wurzel des Antijudentums. Freud behauptete, daß die christlichen Beschuldigungen des Gottesmordes »*Ihr habt unsern Gott umgebracht!*« eine Projektion und Verschiebung der allgemein gehegten Todeswünsche gegen den Vater darstellen. Das Christentum setzte den Sohn an die Stelle des Vaters, und durch dies Geständnis der Mittäterschaft an seinem Tod sind die Christen von ihrer Schuld freigesprochen. Durch die Liebe und Vergötterung Jesu sind die Christen von Schuldgefühlen befreit, die sich vom Todeswunsche gegen den Vater ableiten und allen Menschen gemeinsam sind.

* Sigmund Freud: Der Mann Moses und die monotheistische Religion (1925). In: Gesammelte Werke. London 1950. Bd. XVI. S. 196 f.

Den Juden, die die Göttlichkeit Jesu nicht anerkennen, wird so die Rolle der reuelosen Vatermörder zugeschoben und sie werden zu Opfern der Schuldausbrüche gemacht.

Freud zog noch drei andere unbewußte Gründe zur Erklärung der antijüdischen Gefühle in Erwägung. Geschwistereifersucht – die Eifersucht auf die Juden, die sich als das *»auserwählte«* Volk des Gottesvaters, das bevorzugte unter seinen Kindern, bezeichneten – ist ein Motiv, dessen Stärke genauso nachhaltig ist wie die der Todeswünsche von Bruder gegen Bruder. Ein anderes Motiv, auf das Freud hinwies, war der jüdische Ritus der Kindesbeschneidung mit ihrer unbewußten Bedeutung der Kastration und allem Schrecken und der Angst, die diese hervorruft. *»Der Kastrationskomplex ist die tiefste unbewußte Wurzel des Antisemitismus, denn schon in der Kinderstube hört der Knabe, daß dem Juden etwas am Penis – er meint ein Stück des Penis – abgeschnitten werde, und dies gibt ihm das Recht, den Juden zu verachten.«* »Es scheint mir unabweisbar, anzunehmen, daß hier auch eine Wurzel des bei abendländischen Völkern so elementar auftretenden und sich so irrationell gebärdenden Judenhasses zu suchen ist. Die Beschneidung wird von den Menschen unbewußterweise der Kastration gleichgesetzt.«***

Den letzten Beweggrund, den Freud hervorhebt, um das Antijudentum zu erklären, ist der übertragene antichristliche Haß. Da es so schwer ist, mit dem strengen Über-Ich*** des Christentums zu leben, kann das Ressentiment leicht in die Richtung seines Ursprungs, nämlich der Juden, abgelenkt

* Ders.: Analyse der Phobie eines fünfjährigen Knaben (1909). Gesammelte Werke. London 1947. Bd. VII. S. 271.

** Ders.: Eine Kindheitserinnerung des Leonardo da Vinci (1910). Gesammelte Werke. London 1943. Bd. VIII. S. 165. Zur Beschneidung als symbolische Kastration siehe auch Bruno Bettelheim: Symbolic Wounds: Puberty Rites and the Envious Male, revidierte Edition. New York 1962. S. 152–160 und Hermann Nunberg: Problems of Bisexuality as Reflected in Circumcision. London 1949.

*** »Unter Überich verstehe ich das verinnerlichte System der moralischen Normen der Familie und Gesellschaft, das Schuld hervorruft, wenn das Benehmen nicht diesen idealisierten Normen entspricht.«

werden. In diesen vier Motiven, die Freud aufzählt – Gottes- und Vatermord, Geschwistereifersucht, Kastrationsängste und Antichristentum –, finden wir die grundlegendsten tiefenpsychologischen Momente, die zu einer Analyse des Antijudentums, während aller Zeitepochen, beitragen.

16. George Eaton Simpson / J. Milton Yinger: Die Frustrations-Aggressions-Hypothese

Während die psychoanalytische Antisemitismustheorie bei einigen als zeitlos angenommenen, spezifischen Beschuldigungen gegen Juden ansetzt, deren unbewußte Bedeutung tiefenpsychologisch analysiert und von da aus die Frage beantworten will, warum über Jahrhunderte hinweg gerade die Juden immer wieder das Ziel von Angriffen wurden, wird durch die Ende der dreißiger Jahre in den USA von Dollard, Doob u. a. entwickelte sozialpsychologische Theorie, die unter der Bezeichnung »Frustrations-Aggressions-Hypothese« bekannt geworden ist, die Frage nach den Gründen für die Auswahl eines bestimmten Objekts der Aggressionen weitgehend offengelassen. Andererseits bietet diese Theorie eine allgemeine Erklärung für die Entstehung von Vorurteilen und Diskriminierung, die nicht nur auf verschiedene Minderheitengruppen anwendbar ist, sondern auch psychische und gesellschaftliche Faktoren miteinander verbindet.

Eine der häufigsten Anwendungen der modernen sozialpsychologischen Theorie auf das Vorurteil findet man in der Frustrations-Aggressions-Hypothese und einer Gruppe verwandter Konzepte. Jede Person ist ein Bündel vorwärtstreibender Kräfte – ursprünglicher organischer Kräfte, die durch soziokulturelle Kräfte geformt, eingeschränkt und kräftig ergänzt worden sind –, die auf Ziele gerichtet sind. Aber kein menschliches Wesen bewegt sich gleichmäßig auf alle Ziele zu, die ein Teil von ihm geworden sind. Größere und kleinere Frustrationen begleiten das Leben eines jeden. Das Erreichen dieser Ziele kann durch andere Leute, durch natürliche Kräfte (z. B. Krankheit), durch eigene Ungeschicklichkeit oder durch eine andere persönliche Absicht blockiert werden. Wir können einander widersprechende Ziele haben, von denen eines unvermeidlich verleugnet werden muß.

Es gibt viele Beweise dafür, daß das Blockieren zielgerichteten Verhaltens häufig feindselige Impulse im Individuum hervorruft. In vielen Fällen kann diese Feindseligkeit nicht gegen die Quelle der Frustration gerichtet werden; vielleicht weil es keinen menschlichen Verursacher gibt oder der Verursacher unbekannt oder zu mächtig ist, um ihn anzugreifen. Die Frustration kann aus einander widersprechenden Absichten des Individuums entstanden sein. Ein Überzeugungsmuster kann den Verursacher als ein Mitglied der in-group, als einen Freund, einen Beschützer definieren, so daß es unmöglich ist, ihn bewußt als Quelle der Frustration zu erkennen. Man kann zu ihm in einem ambivalenten Verhältnis von Liebe und Feindseligkeit zugleich stehen – wie das Kind zu den Eltern. Unter solchen Umständen kann die Feindseligkeit aufgestaut werden, oder sie kann gegen einen selbst oder gegen ein Ersatzobjekt gerichtet werden, das zugänglicher oder weniger in der Lage ist, zurückzuschlagen. Mit anderen Worten, wenn der wirkliche Verursacher der Frustration nicht angegriffen werden kann, kann aus Frustration »freischwebende«, ungerichtete Feindseligkeit entstehen; und der soziale Kontext begünstigt oft die Verschiebung dieser Feindseligkeit auf Mitglieder von Minderheitengruppen.

Der neu ausgerichtete Angriff geht jedoch nicht ohne einige emotionale und intellektuelle Spannungen vor sich; die Irrationalität und Ungerechtigkeit solcher Feindseligkeit – auch vom Standpunkt der vorurteilsvollen Person selbst aus – kann nicht ganz ignoriert werden, auch wenn sie nicht bewußt erkannt werden mag. Das Ersatzobjekt ist schließlich nur ein Ersatz. Um sich – entsprechend der eigenen Maßstäbe – vernünftig und moralisch erscheinen zu lassen, sucht die Person, die einem Sündenbock mit Vorurteil oder Diskriminierung begegnet ist, nach Rechtfertigungen. Sie erfindet oder übernimmt überzeugende Gründe, warum sie die Mitglieder einer Minderheitengruppe haßt oder diskriminiert. Sie entdeckt und glaubt viele Anzeichen, die »beweisen«, daß die Mitglieder dieser Gruppe wirklich die Behandlung verdienen, die sie ihnen angedeihen läßt. Durch eine seltsame aber weitverbreitete Verdrehung der Tatsachen projiziert sie sogar auf den Sündenbock einige der bösen Züge (wieder entsprechend ihrer eigenen Definition), die ihr eigenes Verhalten charakterisieren, und versucht so, das Schuldgefühl loszuwerden, das für ihr Ich zu schwer zu ertragen ist. Um schließlich jeden Zweifel loszuwerden und ihren Überzeugungen eine absolute Qualität zu verleihen, kategorisiert die vorurteilsvolle Persönlichkeit alle einzelnen Mitglieder der Minderheitengruppe durch Stereotype, die gewöhnlich von der Gesellschaft bereitgestellt werden und die ihr helfen, ihr Vorurteil gegen die ganze Gruppe zu rationalisieren, trotz der Unterschiede, die jede menschliche Gruppe charakterisieren.

Die Theorie besagt weiter, daß es der vorurteilsvollen Person durch diesen Prozeß nicht ganz gelingt, ihre feindseligen Gefühle zu überwinden. Schließlich tragen Angriffe auf einen Sündenbock wenig dazu bei, die tatsächliche Quelle der Frustration zu beseitigen. Sie können in Wahrheit sogar den Verursacher der Frustration schützen, da die Aufmerksamkeit in die falsche Richtung gelenkt wird, und es so der Person oder der sozialen Situation, die die Frustration verursacht, erlauben, ihre Wirksamkeit fortzusetzen oder sogar zu intensivieren. So kann zum Beispiel ein Industriearbeiter – wenn der wahre Grund seiner Frustration durch Arbeitslosigkeit die Automation oder eine Reihe von Attitüden ist, die vom Management und/oder seinen Arbeitskollegen eingenommen werden, er aber glaubt, er sei wegen der Konkurrenz der farbigen Arbeiter arbeitslos – seine

Feindseligkeit auf die Farbigen verschieben, während die wahre Ursache seiner Frustration unberührt weiterbesteht. Es gibt noch einen anderen Grund für die Unwirksamkeit dieses Frustrations-Feindseligkeits-Verschiebungs-(oder Projektions-)Zyklus bei der Überwindung von Feindseligkeit. Die Verschiebung von Feindseligkeit auf ein Ersatzobjekt kann durchaus von Zweifeln über ihre Wirksamkeit und Gerechtigkeit begleitet sein; und die Projektion eigener Fehler auf andere hinterläßt fast sicher – zumindest unbewußt – ein Gefühl der Schuld und der Angst vor Vergeltung. Diese Zweifel und Schuldgefühle bringen weitere Angst und Feindseligkeit hervor – um so mehr, da sie nicht bewußt erkannt werden können – und führen zu noch mehr Verschiebung und Projektion. Die ganze Prozedur »kann zu offensichtlich grundlosem feindseligem Verhalten gegen jene führen, deren Schuld einzig darin besteht, die Objekte unserer Feindseligkeit zu sein«. Ein solcher circulus vitiosus[7] erklärt die Hartnäckigkeit, mit der ein Vorurteil, das einmal in die Welt gesetzt worden ist, alle Versuche überlebt, es mit Appellen an die Vernunft zu überwinden.

17. Jean-Paul Sartre: Die Angst des Antisemiten

Den Vorgang der Projektion beschreibt auch der französische Philosoph Jean-Paul Sartre in einem zuerst 1945 erschienenen Essay über den Antisemitismus, aus dem hier einige prägnante Formulierungen wiedergegeben werden:

Nun können wir den Antisemiten verstehen. Er ist ein Mensch, der Angst hat. Nicht vor den Juden, vor sich selbst, vor seiner Willensfreiheit, seinen Instinkten, seiner Verantwortung, vor der Einsamkeit und vor jedweder Ver-

7. »fehlerhafter Kreis«: ein Beweis, bei dem das zu Beweisende schon in den Voraussetzungen enthalten ist.

änderung, vor der Welt und den Menschen, vor allem – außer vor den Juden. Er ist ein uneingestandener Feigling, ein Mörder, der seine Mordsucht verdrängt und kennt, ohne sie zügeln zu können, und der es doch nur wagt, bildlich oder im Anonymat der großen Masse zu töten, ein Unzufriedener, der aus Angst vor den Folgen seiner Auflehnung es nicht wagt, sich aufzulehnen.

18. Theodor W. Adorno / Else Frenkel-Brunswik u. a.: Die Theorie der autoritären Persönlichkeit

Ebenfalls eine allgemeine Antwort auf die Frage nach den Entstehungsbedingungen von Vorurteilen wird in der bereits erwähnten, berühmt gewordenen Untersuchung von Adorno u. a. (vgl. Text 7) zu geben versucht. Die Autoren gingen dabei von der Erkenntnis aus, daß sich bei einem Teil der untersuchten Personen eine allgemeine Vorurteilshaftigkeit feststellen ließ, und zwar in Verbindung mit einem bestimmten Muster von Persönlichkeitsmerkmalen, die sie als autoritäre Charakterstruktur kennzeichneten. Als entscheidenden Faktor für die Entwicklung einer solchen autoritären Persönlichkeit stellten sie die frühkindliche Sozialisation in der Familie heraus.
Die folgenden kurzen Auszüge aus der umfangreichen Studie sollen zunächst die Ausgangshypothesen der Untersuchung verdeutlichen (a), dann die von den Autoren für entscheidend gehaltenen Bedingungen der frühkindlichen Erziehung charakterisieren (b) und schließlich die Zusammenfassung und Einordnung der Ergebnisse durch die Autoren wiedergeben (c).

(a) Zu Beginn dieser Untersuchung zum potentiell faschistischen Individuum war der Antisemitismus Angelpunkt aller Reflexionen. Die Autoren sind, in Übereinstimmung mit den meisten Sozialwissenschaftlern, der Ansicht, daß der

Antisemitismus weit mehr als auf den wirklichen Eigenschaften der Juden auf subjektiven Faktoren und der allgemeinen Situation des Antisemiten basiert und daß die Determinanten antisemitischer Einstellungen zum einen bei den Personen zu suchen sind, die sie äußern. Da mit dieser Betonung der Charakterstruktur notwendigerweise mehr die psychologischen als soziologische oder geschichtliche Dimensionen in den Mittelpunkt rückten – wenn auch letzten Endes diese drei nur künstlich zu trennen sind –, konnte nicht der Versuch unternommen werden, die Existenz antisemitischer Vorstellungen aus unserer Gesellschaft zu erklären. Die Frage lautete vielmehr, wie kommt es, daß bestimmte Personen solche Ideen akzeptieren, andere aber nicht? Und da die Studie sich von vornherein an der erwähnten Hypothese orientierte, unterstellten wir, (1) daß der Antisemitismus wahrscheinlich keine spezifische oder isolierte Erscheinung ist, sondern Teil eines breiteren ideologischen Systems, und (2) daß die Empfänglichkeit des Individuums für solche Ideologien in erster Linie von psychologischen Bedürfnissen abhängt.
[...]
Wenn die Menschen die soziale Welt beurteilen sollen, treten grelle irrationale Züge hervor. Denkbar ist der Fachmann, der die Einwanderung jüdischer Flüchtlinge ablehnt, weil sie die Konkurrenz vermehre und sein Einkommen verringere. Wie undemokratisch dies auch sein mag, es ist zumindest in begrenztem Sinne rational. Schlicht unlogisch aber ist dieser Mann, wenn er dann noch den Juden alles mögliche Schlechte in der Welt zuschreibt, wie es die meisten Personen tun, die aus beruflichen Gründen die Juden ablehnen und die verschiedensten Ansichten akzeptieren, von denen viele sich im allgemeinen widersprechen. Und ebenso unlogisch ist es, nach einem »guten« Klischee alle Juden zu loben. Zweifelsohne gibt es Feindschaft gegen Gruppen, die auf wirklicher Versagung beruht, hervorgerufen durch Mitglieder jener Gruppe; doch die Tatsache, daß das Vorurteil leicht verallgemeinert wird, ist durch solche

frustrierenden Erfahrungen kaum zu erklären. Was oft angedeutet wurde, belegt unser Untersuchungsmaterial: wer Feindschaft zeigt gegenuber einer Minderheitengruppe, hegt sie wahrscheinlich auch gegen die meisten anderen. Eine rationale Basis für solche Generalisierungen ist nicht denkbar; und, was noch mehr überrascht, Vorurteilen gegen eine bestimmte Gruppe oder deren vollkommen unkritischer Bejahung begegnet man oft auch bei Absenz jeglicher eigenen Erfahrung mit Mitgliedern jener Gruppe. Die objektive Situation des Individuums kommt als Ursprung solcher Irrationalität kaum in Frage; besser sieht man sich dort um, wo die Psychologie bereits die Quelle von Träumen, Phantasien und Fehlinterpretationen der Welt gefunden hat – in den verborgenen Bedürfnissen der Charakterstruktur.

(b) Vorurteilshafte Personen berichten häufig über eine relativ strenge und eher bedrohliche Art häuslicher Erziehung, die von dem Kind als willkürlich empfunden wurde. Verbunden damit ist in Familien vorurteilshafter Personen eine offenbare Neigung, Wechselbeziehungen auf ziemlich klar definierte Rollen von Herrschaft und Unterwerfung im Gegensatz zu egalitären Verhaltensweisen zu gründen. Folglich erhält das Bild der Eltern für das Kind eine abschrekkende oder zumindest zurückweisende Qualität. Familienbeziehungen sind durch ängstliche Unterwürfigkeit unter die Forderungen der Eltern und durch frühe Unterdrückung von Impulsen, die für diese nicht akzeptabel sind, gekennzeichnet.

Die Ziele, die solche Eltern bei der Erziehung und Ausbildung ihrer Kinder anstreben, sind häufig stark konventionell. Die Statusangst, die so oft in Familien vorurteilshafter Personen zu finden ist, spiegelt sich wider in der Übernahme eines starren und veräußerlichten Wertsystems: was gesellschaftlich akzeptiert und was für den sozialen Aufstieg nützlich ist, wird als »gut« angesehen, was abweicht, was anders und was gesellschaftlich niedriger ist, wird als »schlecht« angesehen. Von diesem engen Gesichtswinkel aus werden die Eltern wahrscheinlich intolerant sein gegenüber jeder Äußerung von Impulsen auf seiten des Kindes, die von dem ersehnten Ziel abzuführen oder ihm zu widersprechen scheinen. Je dringlicher die »sozialen Bedürfnisse« der Eltern sind, desto geneigter sind sie, das Verhalten des Kindes an ihren eigenen Bedürfnissen statt an denen des Kindes zu messen.

Da die Werte der Eltern außerhalb des Gesichtskreises des Kindes liegen und ihm doch rigoros auferlegt werden, muß ein Betragen, das nicht mit dem von den Eltern geforderten Verhalten – oder der Fassade des Verhaltens – übereinstimmt, ichfremd und vom Rest der Persönlichkeit »abgespaltet« werden, mit dem Ergebnis eines Verlustes an Integration. Viel von der Unterwerfung unter die elterliche Gewalt bei vorurteilshaften Personen scheint durch Unduldsamkeit auf seiten der Eltern und durch die Furcht des Kindes, ihnen zu mißfallen, hervorgerufen zu werden.

Gerade im Bereich der sozialen und politischen Attitüden finden die unterdrückten aber unveränderten Impulse auf verzerrte Weise Ausdruck und brechen mit besonderer Intensität hervor. Insbesondere wird die moralische Entrüstung, die zuerst in der Haltung der eigenen Eltern selbst erfahren wurde, umgeleitet auf schwächere outgroups.

Das Fehlen einer internalisierten[8] und individualisierten Einstellung zum Kind auf seiten der Eltern kann ebenso wie die Neigung, hauptsächlich eine Reihe konventioneller Rollen und Sitten zu vermitteln, als Hindernis für die Entwicklung einer geschlossenen persönlichen Identität beim heranwachsenden Kind angesehen werden. Statt dessen finden wir Oberflächenkonformität ohne Integration, die sich in einer stereotypisierten Einstellung ohne echten Affekt zu fast allen Bereichen des Lebens äußert. [...]

Der pünktlichen Erfüllung vorgeschriebener Rollen und dem Austausch von Pflichten und Verpflichtungen wird in den Familien der Vorurteilshaften oft der Vorzug gegeben

8. verinnerlicht.

vor dem Austausch freiströmender Zuneigung. Wir müssen annehmen, daß ein autoritäres Familienregime, das zu einem relativen Mangel an Gegenseitigkeit im Bereich der Emotionen führt und die Betonung auf den Austausch von »Gütern« und materiellen Vorteilen ohne adäquate Entwicklung eines grundlegenden Selbstvertrauens legt, die Grundlage bildet für den opportunistischen Typ der Abhängigkeit der Kinder von ihren Eltern, der in diesem Kapitel beschrieben wird.

Diese Art der Abhängigkeit von den Eltern, der Wunsch, von ihnen umsorgt zu werden, verbunden mit der Angst, die sich aus dem gleichen allgemeinen Muster ergibt, scheint sehr stark die beschriebene selbstverleugnende Unterwerfung unter die Eltern hervorzubringen. Es gibt jedoch gewisse Anzeichen, die darauf hinzuweisen scheinen, daß gleichzeitig ein unterschwelliges Ressentiment gegen die Eltern und ein Gefühl, von ihnen gequält zu werden, vorhanden ist. [...]

Das offene oder verhüllte Ressentiment ist leicht zu verstehen angesichts des starken elterlichen Drucks zur Erzwingung »guten« Verhaltens zusammen mit der Dürftigkeit der angebotenen Belohnungen. Als Reaktion auf die unterschwellige Feindseligkeit findet man oft eine starre Glorifizierung und Idealisierung der Eltern. Die Künstlichkeit dieser Attitüde ist aus der Beschreibung der Eltern in übertriebenen (und gleichzeitig stereotypen und externalisierten[9]) Superlativen zu erkennen.

Der künstliche Charakter der Identifikation mit den Eltern und das daraus folgende unterschwellige Ressentiment gegen sie kehrt wieder in den Attitüden zur Autorität und zu gesellschaftlichen Institutionen im allgemeinen. Wie wir sehen werden, finden wir oft bei vorurteilshaften Personen zugleich Überkonformität und unterschwellige Destruktivität gegen etablierte Autorität, Sitten und Institutionen. Eine Person, die von einer solchen Ambivalenz beherrscht wird,

9. veräußerlicht.

kann leicht in Schach gehalten werden und sich sogar auf vorbildliche Weise verhalten, wenn sie jenen äußeren Autoritäten folgt, die die Funktion des Überichs – und teilweise sogar die des Ichs – übernehmen. Andererseits kann die gleiche Person, wenn es die äußere Autorität erlaubt, sehr leicht dazu gebracht werden, ihren instinkthaften Neigungen, vor allem der Destruktivität, unkontrolliert freien Lauf zu lassen. Unter bestimmten Umständen wird sie sich sogar mit dem Verbrecher zusammentun, eine Verbindung, die man im Nazismus findet.

(c) Das entscheidendste Ergebnis dieser Untersuchung scheint den Autoren der Nachweis einer engen Beziehung in der Art der Einstellung und der Auffassung zu sein, die eine Person wahrscheinlich in einer Vielzahl von Bereichen hat, von den intimsten Merkmalen der Familie und der sexuellen Anpassung über Beziehungen zu anderen Leuten im allgemeinen bis zur Religion und zum sozialen und politischen Denken. So setzt sich eine grundlegend hierarchische, autoritäre, ausbeuterische Eltern-Kind-Beziehung leicht in einer machtorientierten, auf Ausbeutung beruhenden Haltung gegen seinen Geschlechtspartner und seinen Gott fort und kann durchaus in einem politischen Denken und einer gesellschaftlichen Auffassung gipfeln, die nur Raum hat für das verzweifelte Klammern an allem, was stark erscheint, und die verächtliche Zurückweisung alles dessen, was niedrig eingestuft wird. Die damit verbundene Dramatisierung erstreckt sich ebenfalls von der Eltern-Kind-Dichotomie[10] zur dichotomischen Auffassung von Geschlechterrollen und moralischen Werten sowie zur dichotomischen Behandlung sozialer Beziehungen, wie sie sich vor allem in der Bildung von Stereotypen und ingroup-outgroup-Spaltungen zeigt. Konventionalität, Starrheit, repressive Versagung und der sich daraus ergebende Durchbruch der eigenen Schwäche, Angst und Abhängigkeit sind nur verschiedene Aspekte des-

10. Zweiteilung.

selben grundlegenden Persönlichkeitsmusters, und sie können im persönlichen Leben ebenso beobachtet werden wie in Haltungen zur Religion und zu gesellschaftlichen Fragen.

[...]

Ferner sind unsere Ergebnisse streng begrenzt auf die psychologischen Aspekte des allgemeineren Problems des Vorurteils. Historische Faktoren oder ökonomische Kräfte, die in unserer Gesellschaft ethnische Vorurteile fördern oder verringern, liegen außerhalb des Rahmens unserer Untersuchung. Wenn wir auf die Bedeutung der Eltern-Kind-Beziehung für die Entstehung von Vorurteil oder Toleranz hinweisen, dann sind wir einen Schritt vorangegangen in Richtung auf eine Erklärung. Wir haben uns jedoch nicht mit den sozialen und ökonomischen Prozessen befaßt, die ihrerseits die Entwicklung charakteristischer Familienstrukturen bestimmen.

VI. Arbeitsvorschläge

A. Antisemitische Texte aus den Jahren 1879 bis 1896

Es empfiehlt sich, zunächst einige der antisemitischen Texte zu analysieren; die dabei gewonnenen Ergebnisse erleichtern die Beantwortung der zu Kapitel V gestellten Fragen (B).

Die antisemitischen Texte sind von unterschiedlicher Länge und Ausführlichkeit. Es bieten sich daher zwei Möglichkeiten zu ihrer Bearbeitung an: Es kann ein einzelner Text von allen gemeinsam oder arbeitsteilig unter verschiedenen Aspekten betrachtet, es können aber auch mehrere Texte in arbeitsteiligen Verfahren untersucht werden.

1. Otto Glagau: Antisemitismus als Lösung der sozialen Frage

a) Welchen Anteil haben nach Glagau die Juden an der wirtschaftlichen Lage und dem sozialen Unfrieden im Reich?
b) Vergleichen Sie, was Glagau über die Lage des Mittelstandes seiner Zeit schreibt, mit den Ausführungen in Kapitel II, S. 17 f. Vergleichen Sie auch, wie in beiden Darstellungen der »Anteil« der Juden gesehen wird.

2. Wilhelm Marr: Gegen religiösen Antisemitismus – Antisemitismus als Kampf ums Dasein

a) Wie bewertet Marr den religiösen Antisemitismus? Welche Bezeichnungen verwendet er dafür und in welchem Zusammenhang werden sie jeweils gebraucht?
b) Was hält Marr für die »Wahrheit«? Welche Ausdrücke gebraucht er in diesem Zusammenhang?
c) Mit welchen Stilmitteln suggeriert Marr seinen Lesern, daß er sachlich und fast unparteiisch argumentiert? Was könnten Sie seinen Argumenten entgegenhalten?

d) Welche Frontstellung ergibt sich für Marr? Zu welcher Zukunftsperspektive gelangt er?

3. Adolf Stoecker: Die Juden als Fremdkörper im Staate

a) Wie sieht Stoecker »den Deutschen« und »das germanische Wesen«, wie »die Juden«?
Stellen Sie die entsprechenden Ausdrücke gegenüber!
b) Wie begründet Stoecker seinen Antisemitismus? Mit welchen Argumenten rechtfertigt er sich im voraus gegen Vorwürfe?
c) Welche Lösung schlägt Stoecker vor? Nehmen Sie dazu Stellung unter Berücksichtigung der Rede von M. Lazarus (S. 29–31).

4. Heinrich von Treitschke: Nationalismus und Antisemitismus

a) Wie schildert Treitschke die Lage in Deutschland?
Sie finden in seiner Schilderung einige Wertungen. Stellen Sie diese in zwei Gruppen zusammen:

explizit bewertend	unterschwellig bewertend

b) Untersuchen Sie Treitschkes Sprache auf ihre Wirkung hin: Wo gebraucht er andere Satzarten als Aussagen? Was mag er damit bezwecken? Welche Wirkung ruft dies hervor?
c) Nennen Sie die Bereiche, in denen die Juden nach Meinung Treitschkes Schaden anrichten, und prüfen Sie jeweils, ob er argumentiert oder Behauptungen aufstellt.
d) Wie charakterisiert Treitschke die deutsche Kultur und Gesittung? Welchen Platz nehmen seiner Ansicht nach die Juden darin ein?
e) Welche Gegensätze zwischen Deutschen und Juden sieht Treitschke? Wird die Schuldfrage dieses Konfliktes erörtert? Schlägt er Lösungen vor?

5. Gottlieb A. Schüler: Religiöser Antisemitismus als Grundlage des nationalen und sozialen Antisemitismus

a) Welche besonderen von Gott gestellten Aufgaben schreibt Schüler bestimmten Völkern zu, und wie können die Völker dieser Aufgabe seiner Meinung nach gerecht werden?
b) Stellen Sie zusammen, welche Schuld gemäß Schüler die Juden im Laufe ihrer Geschichte auf sich geladen haben! Werden dafür Beweise angeführt oder Urteile gefällt?
c) Wie stellt sich Schüler das Verhältnis von Deutschen und Juden vor, und wie beurteilt er die rechtliche Lage? Wie kommt er zu seiner Prognose?

6. H. Naudh: Abscheu vor den jüdischen Rassenmerkmalen

a) Wie sieht Naudh die Geschichte der Juden? Wie interpretiert er Episoden daraus? Welche Absicht verfolgt er offensichtlich damit?
b) Naudh argumentiert vom Standpunkt des rassischen Antisemitismus. Welche Gegenüberstellungen helfen ihm, die »Minderwertigkeit« der jüdischen Rasse zu »beweisen«? Wo führt er charakterliche, wo körperliche Merkmale an? Wo bewertet er nur, ohne »Gründe« zu nennen?

7. Eugen Dühring: Antisemitismus als Rassenlehre

a) Welche Gewichtung trifft Dühring, wenn er über Gründe des Antisemitismus spricht?
Wie steht er infolgedessen zu Lösungen, wie sie in den Texten 3, 6 und 7 vorgeschlagen werden?
b) Untersuchen Sie den wirtschaftlichen Antisemitismus Dührings.
Mit wem scheinen die Juden verbündet?
Was hat Klassenhaß mit den Juden zu tun?
Wo sieht Dühring den Unterschied zwischen der sozialen Frage und der Judenfrage?
c) Welche verallgemeinernden Schlußfolgerungen zieht

Dühring aus der jüdischen Geschichte? Was hält er dementsprechend von der Planung eines Judenstaates? Welche sonstigen politischen Maßnahmen nennt er?

d) Was hält Dühring für die jüdische »Stammesnatur«, und wie hängt diese seiner Meinung nach mit der wirtschaftlichen Stellung der Juden zusammen?

e) Welche psychischen Eigenschaften werden den Juden zugeschrieben, und wie sieht Dühring den Versuch des Reformators (Jesus), diese Judennatur zu bessern? Was kann nach seiner Meinung letztlich getan werden?

8. Erster Internationaler Antijüdischer Kongreß zu Dresden 1882: Internationaler Antisemitismus gegen Jüdische Internationale

a) Welche Punkte werden am Anfang gegen die Emanzipation der Juden vorgebracht? Welche Arten des Antisemitismus verbergen sich dahinter? – Beachten Sie die Teilnehmerliste.

b) Untersuchen Sie in Gruppen, wo die verschiedenen Motive des Antisemitismus im weiteren Textverlauf genauer hervortreten. Gibt es neue Argumente? Erscheint Ihnen die jeweilige Argumentation schlüssig?

9. »Ostdeutsche Rundschau« vom 9. Juli 1896: Christus, ein Deutscher

a) Welche Stellen des Textes haben Bezug zu Argumenten der oben zitierten Antisemiten? Wie erscheint Ihnen eine solche Argumentation heute?

b) Tragen Sie die Argumente probeweise in Ihrem Bekanntenkreis vor. Auf welche Reaktion stoßen Sie dabei?

10. Theodor Fritsch: Antisemiten-Katechismus

Schreiben Sie aufgrund Ihrer Kenntnisse eine entgegengesetzte Stellungnahme, in der Sie die positiven Leistungen der Juden und die geschichtliche Bedingtheit ihres Verhaltens herausstellen und Diffamierungen zurückweisen.

11. Otto Böckel: Der Jude als Parasit

An welche Wählergruppe wendet Böckel sich offensichtlich? Wie versucht er, die Zustimmung seiner Wähler zu gewinnen?
Wie setzt er die rhetorischen Mittel der Identifikation/Solidarisierung und der Isolierung/Diffamierung ein?

12. Georg Ritter von Schönerer: Antisemitische Ideen im österreichischen Reichsrat

a) Von welchen politischen Gruppierungen im österreichischen Reichsrat ist die Rede; zu welcher gehört der Redner?
Geben Sie grob die Haltung dieser Gruppen zu den deutschen Juden an.
b) Wie begründet der Redner seinen Antisemitismus? Welche moralischen, ethnischen, politischen Argumente führt er an? Welche Art des Antisemitismus lehnt er ab?
c) Wie stellt sich von Schönerer die Durchführung seiner Ideen im Reich vor? Welche konkreten Maßnahmen, unter denen die Juden später zu leiden hatten, sind durch seine allgemeinen Formulierungen abgedeckt?

B. Ansätze und Theorien zur Erklärung des Antisemitismus

a) Stellen Sie die Schichten und Gruppen zusammen, aus denen die Anhänger des Antisemitismus kamen.
Welche Gründe führt Bebel für die Anfälligkeit der einzelnen Schichten und Gruppen gegenüber dem Antisemitismus an?
Versuchen Sie die von Bebel (Text 1) genannten Gründe auf ein oder zwei Hauptmotive zurückzuführen.
b) Vergleichen Sie die von Pohlmann (Text 2) angeführten Gründe des Antisemitismus mit denen des Textes 1.

Worin sieht Pohlmann das eigentliche Wesen des Antisemitismus?

c) Welche politischen Gruppen oder Parteien haben sich nach Massing (Text 3) des Antisemitismus bedient?
Welche Absichten und Ziele verfolgten sie damit?
Worin sieht Massing die hauptsächliche politische Wirkung des Antisemitismus?

d) Worin besteht nach Mohrmann (Text 4) das Wesen des Antisemitismus? Vergleichen Sie seine Ausführungen mit den Texten 3 und 5.

e) Welche Folge hatte nach Rürup (Text 5) die Tatsache, daß der Prozeß bis zur völligen rechtlichen Emanzipation der Juden und damit die öffentliche Diskussion der »Judenfrage« in Deutschland etwa ein Jahrhundert dauerte?
Welche Folgerungen zieht Rürup aus den Besonderheiten der jüdischen Bevölkerungsgruppe? Vergleichen Sie sie mit den Ausführungen des Zeitgenossen Pohlmann (Text 2).
Wodurch unterscheidet sich nach Rürup der »moderne« Antisemitismus nach 1873 von früheren Formen?
Worin sieht Rürup die entscheidende Ursache für die Bedeutung des Antisemitismus nach 1873?

f) Versuchen Sie, den von Rosenberg (Text 6) festgestellten Zusammenhang zwischen Wirtschaftskonjunktur und Antisemitismus für den Zeitraum von der Großen Depression (1873–96) bis zum Jahr 1939 in Form eines »Gesetzes« zu formulieren und durch eine einfache graphische Darstellung zu verdeutlichen.
Vergleichen Sie die Aussagen von Rosenberg mit denen von Rürup (Text 5). Stellen Sie fest, ob die beiden Texte sich widersprechen oder eventuell ergänzen.

g) Setzen Sie die Aussagen von Adorno (Text 7) in Beziehung zu den Texten 1 und 2 und versuchen Sie festzustellen, ob seine Schlußfolgerung zwingend ist.
Suchen Sie in den Texten 5 und 6 Argumente zu finden, die für oder gegen die These von Adorno spre-

chen. Berücksichtigen Sie dabei Zeitpunkt und Ort der Untersuchungen, auf die sich Adorno stützt. Ziehen Sie eventuell auch Text 13 heran.

h) Worin sieht Bernstein (Text 8) das Allgemeine, worin das Besondere des Antisemitismus als »Gruppenerscheinung«?
Vergleichen Sie seine Ausführungen zur Entstehung von Gruppenfeindschaft mit Text 16 und stellen Sie Übereinstimmungen oder Abweichungen fest.

i) Vergleichen Sie die Argumente von Parsons (Text 9) mit denen von Bernstein (Text 8)
   - hinsichtlich der allgemeinen Begründung der Entstehung von Aggressionen bzw. Feindschaftsgefühlen,
   - hinsichtlich der speziellen Begründung für die Entstehung von Antisemitismus.

   Bei Parsons ist von Bereichen die Rede, in denen sich die Juden konzentrierten. Stellen Sie mit Hilfe des Textes 5 fest, welche Bereiche dies im Kaiserreich waren.
   Ergänzen Sie die von Parsons angeführten fünf Hauptgründe für die Auswahl der Juden als Aggressionsobjekt durch die in den Texten 5 und 10 genannten Gründe.

j) Wodurch unterscheidet sich der sozialwissenschaftliche Begriff des Vorurteils vom umgangssprachlichen Gebrauch? (Text 11).
Stellen Sie aus den Texten des Kapitels IV eine Reihe stereotyper Vorstellungen über die Juden zusammen.

k) Detaillierte Erklärungen der einzelnen Faktoren finden Sie in dem Buch von Allport (vgl. Quellenverzeichnis, S. 171, Nr. 10) auf Seite 229 ff. Schlagen Sie dort nach, wenn Ihnen einzelne Punkte unklar sind.
Versuchen Sie festzustellen, welche der genannten Faktoren auch in den Texten 1 bis 6 erscheinen. Ergänzen Sie eventuell die Liste von Allport durch weitere Faktoren.

l) Setzen Sie die Ergebnisse der Untersuchung von Bettelheim und Janowitz (Text 13) in Beziehung zu den Ausführungen von Rosenberg (Text 6).

Vergleichen Sie dann diese Ergebnisse mit der Kritik Adornos (Text 7).

m) Worin sieht Grunberger (Text 14) die eigentlichen Ursachen des Antisemitismus?
Wägen Sie seine Argumente gegen die von Bernstein, Parsons und Allport ab (Text 8, 9, 12).

n) Stellen Sie die vier unbewußten Motive des Antisemitismus und ihre Begründungen zusammen (Text 15).
Suchen Sie in den Texten des Kapitels IV Belege für diese Motive.
Versuchen Sie, die Voraussetzungen dieser Deutung festzustellen, und diskutieren Sie, ob sie mit den von Rosenberg hervorgehobenen »Wellen« des Antisemitismus vereinbar ist.

o) Stellen Sie den durch die Frustrations-Aggressions-Hypothese (Text 16) beschriebenen Prozeß durch ein einfaches Schaubild dar.
Erklären Sie mit Hilfe von Text 8, warum sich Aggressionen besonders häufig gegen Minderheitengruppen richten.
Nehmen Sie noch einmal die Texte 1, 2 und 5 vor und versuchen Sie, die Frustrations-Aggressions-Hypothese auf deren Aussagen anzuwenden.

p) Wie begründen es die Autoren (von Text 18), daß der Ursprung von Antisemitismus und anderen Vorurteilen in der Charakterstruktur zu suchen sei? Ziehen Sie dazu auch Text 7 mit heran.
Stellen Sie einige Merkmale der Erziehung zusammen, die nach Meinung der Autoren zur Ausbildung eines autoritären Charakters führen.
Versuchen Sie in einer Diskussion herauszufinden, was eigentlich nach dieser Theorie getan werden müßte, um Antisemitismus und Vorurteile zu verhindern.
Beziehen Sie unter diesem Aspekt auch noch einmal einige der anderen Ansätze (z. B. Text 3, 6, 8, 12, 15) in die Diskussion ein.

VII. Quellenverzeichnis

Die Überschriften der Texte stammen von den Herausgebern

Kapitel IV

1. Otto Glagau: Deutsches Handwerk und Historisches Bürgerthum. Osnabrück: Wehberg ^{4}1879. S. 46 f., 56 f., 80.
2. Wilhelm Marr: Der Sieg des Judenthums über das Germanenthum. Vom nicht confessionellen Standpunkt aus betrachtet. Bern: Costenoble ^{8}1879. S. 5 f., 7–10, 13, 30–32, 38, 43.
3. Adolf Stoecker: Das moderne Judenthum in Deutschland, besonders in Berlin. Zwei Reden in der christlich-socialen Arbeiterpartei. Berlin: Weigandt u. Grieben ^{2}1880. S. 4, 16–18, 19, 20, 33–35, 37–39.
4. Heinrich von Treitschke: Ein Wort über unser Judenthum. Separatabdruck aus dem 44. u. 45. Band der Preußischen Jahrbücher. Berlin: Reimer ^{3}1880. S. 1–6, 10, 15 f., 21 f.
5. Gottlieb A. Schüler: Die Judenfrage – Eine Frage an das deutsche Volk und die deutschen Juden. Marburg: Elwert'sche Verlagsbuchhandlung ^{2}1880. S. 5, 7, 23, 24 f., 26, 28, 30, 31, 32 f., 52, 53, 56.
6. H. Naudh (= Heinrich Nordmann): Die Juden und der deutsche Staat. 11., verm. Auflage. Chemnitz: Schmeitzner 1883. S. 44, 54 f.
7. Eugen Dühring: Die Judenfrage als Racen-, Sitten- und Culturfrage. Mit einer weltgeschichtlichen Antwort. Karlsruhe u. Leipzig: Reuther ^{2}1881. S. 1–3, 4, 5, 78, 82 f., 108–113, 156 f.
8. Manifest an die Regierungen und Völker der durch das Judenthum gefährdeten christlichen Staaten laut Beschlusses des Ersten Internationalen Antijüdischen Kongresses zu Dresden am 11. und 12. September 1882. Chemnitz: Schmeitzner 1882. S. 1–3, 4 f., 6 f., 9 f., 10–12.
9. Ostdeutsche Rundschau vom 9. Juli 1896. Zitiert nach: Antisemitenspiegel. 2., vollständig umgearbeitete u. erweiterte Aufl. Danzig: Kafemann 1900. S. 291 f.
10. Theodor Fritsch: Antisemiten-Catechismus. Leipzig: Hammer ^{25}1893. S. 142 f.
11. Otto Böckel: Die Quintessenz der Judenfrage. Ansprache an seine Wähler und alle deutsch-nationalen Männer im Vaterlande. Deutsche Volksbibliothek. Erste Reihe, 1. Heft. 9. u. vermehrte Aufl. Berlin: Dewald 1891. S. 6 f.
12. Georg Ritter von Schönerer: Reden des Reichsrathsabgeordneten Georg Ritter von Schönerer. Horn: Berger 1896. S. 46, 47, 48, 61.

Kapitel V

1. August Bebel: Sozialdemokratie und Antisemitismus. 2., durchgesehene Aufl. Berlin: Vorwärts 1906. S. 14–21.

2. Walter Pohlmann: Das Judentum und seine Feinde. Neuwied u. Berlin: Heuser's Verlag 1893. S. 16 f., 22, 26, 38 f.
3. Paul W. Massing: Vorgeschichte des politischen Antisemitismus. Frankfurt a. Main: Europäische Verlagsanstalt 1959. S. 221 f.
4. Walter Mohrmann: Antisemitismus. Ideologie und Geschichte im Kaiserreich und in der Weimarer Republik. Berlin [Ost]: VEB Deutscher Verlag der Wissenschaften 1972. S. 11 f.
5. Reinhard Rürup: Emanzipation und Antisemitismus. Göttingen: Vandenhoeck & Ruprecht 1975. (Kritische Studien zur Geschichtswissenschaft 15.) S. 90–93.
6. Hans Rosenberg: Große Depression und Bismarckzeit. Wirtschaftsablauf, Gesellschaft und Politik in Mitteleuropa. Berlin: de Gruyter 1967. S. 94–96.
7. Theodor W. Adorno: Studien zum autoritären Charakter. Frankfurt a. M. 1973. (suhrkamp taschenbuch 107.) S. 10 f.
8. Fritz Bernstein: Der Antisemitismus als Gruppenerscheinung. Versuch einer Soziologie des Judenhasses. Berlin: Jüdischer Verlag 1926. S. 219 f.
9. Talcott Parsons: The Sociology of Modern Anti-Semitism. In: Isacque Graeber u. Steuart Henderson Britt (Hrsg.), Jews in a Gentile World. The Problem of Anti-Semitism. New York: MacMillan 1942. S. 114–116. (Übersetzung: H.-D. Schmid.)
10. Gordon W. Allport: Die Natur des Vorurteils. Köln: Kiepenheuer & Witsch 1971. S. 219 f.
11. Earl E. Davis: Zum gegenwärtigen Stand der Vorurteilsforschung. In: Vorurteile. Ihre Erforschung und ihre Bekämpfung. Frankfurt a. M.: Europäische Verlagsanstalt 1964. (Politische Psychologie 3.) S. 52 f.
12. Gordon W. Allport (wie 10), S. 229.
13. Gordon W. Allport (wie 10), S. 231.
14. Béla Grunberger: Der Antisemit und der Ödipuskomplex. In: Psyche 16 (1962/63) S. 255.
15. Peter Loewenberg: Die Psychodynamik des Antijudentums. In: Jahrbuch des Instituts für Deutsche Geschichte 1 (1972) S. 146–148.
16. George Eaton Simpson u. J. Milton Yinger: Racial and Cultural Minorities. An Analysis of Prejudice and Discrimination. 3rd Edition. New York: Harper & Row 1965. S. 53 f. (Übersetzung: H.-D. Schmid.)
17. Jean-Paul Sartre: Betrachtungen zur Judenfrage. In: Ders., Drei Essays. Frankfurt a. M., Berlin u. Wien 1973. (Ullstein Buch 304.) S. 134. © Europa Verlag, Zürich.
18a. Theodor W. Adorno (wie 7), S. 3 u. 11 f.
18b/c. Theodor W. Adorno, Else Frenkel-Brunswik, Daniel J. Levinson u. R. Nevitt Sanford: The Authoritarian Personality. New York: Harper & Row 1950. S. 385 f. u. 971 f. (Übersetzung: H.-D. Schmid.)

VIII. Literaturhinweise

1. Fachwissenschaftliche Literatur

a. Geschichte der Juden und des Antisemitismus

Adler, Hans Günter: Die Juden in Deutschland. Von der Aufklärung bis zum Nationalsozialismus. München 1960.

Gamm, Hans-Jochen: Judentumskunde. Eine Einführung. München 1966. (List Taschenbücher 268.)

Elbogen, Ismar u. Eleonore Sterling: Geschichte der Juden in Deutschland. Frankfurt a. M. 1966.

Informationen zur politischen Bildung, Heft 140/141: Das jüdische Volk in der Weltgeschichte. Hrsg. von der Bundeszentrale für politische Bildung. Bonn 1970.

Kampmann, Wanda: Deutsche und Juden. Studien zur Geschichte des Deutschen Judentums. Heidelberg 1963.

Massing, Paul W.: Vorgeschichte des politischen Antisemitismus. Frankfurt a. M. 1958. (Frankfurter Beiträge zur Soziologie 8.)

Mohrmann, Walter: Antisemitismus. Ideologie und Geschichte im Kaiserreich und in der Weimarer Republik. Berlin 1972.

Mosse, Werner E. (Hrsg.): Juden im Wilhelminischen Deutschland 1890 bis 1914. Tübingen 1976.

Pulzer, Peter G. J.: Die Entstehung des politischen Antisemitismus in Deutschland und Österreich 1867–1914. Gütersloh 1964.

Rengstorf, Karl Heinrich u. Siegfried von Kortzfleisch (Hrsg.): Kirche und Synagoge. Handbuch zur Geschichte von Christen und Juden. Darstellung mit Quellen. 2 Bde. Stuttgart 1968/70.

Rürup, Reinhard: Emanzipation und Antisemitismus. Studien zur »Judenfrage« der bürgerlichen Gesellschaft. Göttingen 1975. (Kritische Studien zur Geschichtswissenschaft 15.)

Schilling, Konrad (Hrsg.): Monumenta Judaica. 2000 Jahre Geschichte und Kultur der Juden am Rhein. Handbuch und Katalog. 2 Bde. Köln ²1964.

Sievers, Leo: Juden in Deutschland. Die Geschichte einer 2000jährigen Tragödie. Hamburg 1977.

Sterling, Eleonore: Er ist wie du. Aus der Frühgeschichte des Antisemitismus in Deutschland 1815–1850. München 1956.

Thieme, Karl (Hrsg.): Judenfeindschaft, Darstellung und Analysen. Frankfurt a. M. 1963.

Wawrzinek, Kurt: Die Entstehung der deutschen Antisemitenparteien (1873–1890). Berlin 1927. (Historische Studien 168.)

b. Antisemitismus- und Vorurteilstheorie

Adorno, Theodor W.: Studien zum autoritären Charakter. Frankfurt a. M. 1973. (suhrkamp taschenbuch 107.)

Adorno, Theodor W. u. a.: Der autoritäre Charakter. Studien über Autorität und Vorurteil. 2 Bde. Amsterdam 1968/69.

Allport, Gordon W.: Die Natur des Vorurteils. Köln 1971.

Bernstein, Fritz: Der Antisemitismus als Gruppenerscheinung. Versuch einer Soziologie des Judenhasses. Berlin 1926.

Die psychologischen und sozialen Voraussetzungen des Antisemitismus. In: Psyche 16 (1962) S. 241–317.

Heintz, Peter: Soziale Vorurteile. Ein Problem der Persönlichkeit, der Kultur und der Gesellschaft. Köln 1957.

Huss, Hermann u. Andreas Schröder (Hrsg.): Antisemitismus. Zur Pathologie der bürgerlichen Gesellschaft. Frankfurt a. M. 1965.

Kidder, Louise H. u. V. Mary Stewart: Vorurteile. Zur Sozialpsychologie von Gruppenbeziehungen. Weinheim u. Basel 1976.

Loewenstein, Rudolph M.: Psychoanalyse des Antisemitismus. Frankfurt a. M. ^{3}1971. (edition suhrkamp 241.)

Reichmann, Eva G.: Die Flucht in den Haß. Die Ursachen der deutschen Judenkatastrophe. Frankfurt a. M. 1960.

Strzelewicz, Willy (Hrsg.): Das Vorurteil als Bildungsbarriere. Elf Beiträge. Göttingen ^{2}1970.

Über Vorurteile. Hrsg. von der Bundeszentrale für Politische Bildung. Bonn 1963.

Vorurteile. Ihre Erforschung und ihre Bekämpfung. Frankfurt a. M. 1964. (Politische Psychologie 3.)

2. *Didaktische Literatur*

a. Antisemitismus und Geschichte der Juden

Bernstein, Reiner: Quellen zur jüdischen Geschichte. Von den Anfängen bis ins Zeitalter der Emanzipation. Stuttgart 1973. (Quellen- und Arbeitshefte zur Geschichte und Politik.)

Dau, Boy Ove: Judentum und Antisemitismus. Ein Unterrichtsversuch im 10. Schuljahr einer Mittelschule. In: Germania Judaica N. F. Nr. 9 (= 3. Jg., H. 3) 1964. S. 1–32.

Deissler, Bruno: Geschichte des Antisemitismus. Eine Behandlung auf der Mittelstufe. In: GWU 25 (1974) S. 588–600.

Dörner, Klaus: Antisemitismus bei Jugendlichen – Vorurteil, Informiertheit und Abwehr. In: Neue Sammlung 1965. S. 521–531.

Ehrlich, Ernst Ludwig: Geschichte der Juden in Deutschland. ^{3}1960. (Geschichtliche Quellenschriften.)

Farber, Klaus u. Heinz Kremers: Juden – ein Beitrag zur Behandlung der Vorurteilsproblematik im Unterricht. Dortmund 1974.

Gamm, Hans-Jochen: Pädagogische Studien zum Problem der Judenfeindschaft. Ein Beitrag zur Vorurteilsforschung. Neuwied 1966.

Gerlach-Praetorius, Angelika: Das Vorurteil. Ein zentrales Erziehungsproblem, dargestellt am Beispiel des Antisemitismus. Hamburg 1969.

Helbig, Ludwig: Die Geschichte der deutschen Juden im Mittelalter.

Beispiel für einen historischen Längsschnitt auf der Oberstufe des Gymnasiums. In: Gesellschaft – Staat – Erziehung (GSE) 5 (1960) S. 316–328.

Kaufmann, Hans-Bernhard: Judentum und Antisemitismus im Unterricht der Volksschule. In: Germania Judaica N. F. Nr. 10 (= 3. Jg., H. 4) 1964. S. 4–10.

Kusterer, Ferdinand: Judentum. Antisemitismus und Rassenfrage. Richtlinien und Anregungen für ihre Behandlung im Unterricht. In: Die Gewerbeschule. Zeitschrift für das gewerblich-fachliche Unterrichts- und Bildungswesen 56 (1965) S. 25–33.

Langenbeck, Wilhelm: Zur Behandlung des Antisemitismus. In: GSE 5 (1960) S. 180–189.

Menke, J.: Der Antisemitismus. Die Behandlung seiner Erscheinungsformen und seiner Entstehung im Geschichtsunterricht der Oberstufe. In: Germania Judaica N. F. Nr. 1 (1962) S. 1–10; N. F. Nr. 2 (1962) S. 15–16.

Rössner, Luz: Judenfeindschaft als pädagogisches Problem. In: Kulturarbeit. Monatsschrift für Kultur- und Heimatpflege. 19 (1967) S. 152–155.

Schilling, Konrad: Beitrag zur Behandlung von Judentum und Antisemitismus im Oberstufenunterricht. In: GWU 11 (1960) S. 132–153.

Ders.: Judentum und Antisemitismus in Mittelalter und Neuzeit. Unterrichtsbeispiele für die Oberstufe. In: GWU 11 (1960) S. 599–618.

Westphalen, Ludger Graf von: Geschichte des Antisemitismus in Deutschland im 19. und 20. Jahrhundert. Stuttgart 1971. (Quellen- und Arbeitshefte für Geschichte und Politik.)

b. Vorurteile und Minderheiten

Barres, Egon: Das Vorurteil in Theorie und Wirklichkeit. Ein didaktischer Leitfaden. Opladen 1974.

Beier, Gerhard: Ost-West-Vorurteile in der politischen Bildung. Methodisch-didaktisches Modell für die Aufarbeitung von Vorurteilen. Frankfurt a. M. 1971.

Bönsch, Manfred u. Rainer Silkenbeumer: Soziales Lernen und Vorurteile. Die Vorurteilsproblematik in der Schule. Hannover 1972.

Borrelli, Michele u. Bärbel u. Werner Spremberg: Minderheiten in der Bundesrepublik. Das Beispiel »Gastarbeiter«. Stuttgart 1973. (Zur Praxis des Politischen Unterrichts 2.)

Geckeler, Ekkehard: Überlegungen zu einer Didaktik des Vorurteils. In: Unterricht heute 23 (1972) S. 485–495.

Markefka, Manfred: Vorurteile–Minderheiten–Diskriminierung. Ein Beitrag zum Verständnis sozialer Gegensätze. Neuwied u. Berlin 1974.

Ostermann, Änne u. Hans Nicklas: Vorurteile und Feindbilder. München 1976.

Silkenbeumer, Rainer: Soziale Vorurteile. Materialien für den Primar- und Sekundarbereich. Frankfurt a. M. 1974.

Politische Dokumente

IN RECLAMS UNIVERSAL-BIBLIOTHEK

Charta der Vereinten Nationen, Statut des Internationalen Gerichtshofs

Herausgegeben von Hartmut Krüger. 70 S. UB 9801

Grundgesetz und Bundesverfassungsgerichtsgesetz

Textausgabe mit Sachregister. Herausgegeben von Wolfgang Heyde. 182 S. UB 7785

Internationale Dokumente zum Menschenrechtsschutz

Herausgegeben von Felix Ermacora. 190 S. UB 7956

Karl Marx und Friedrich Engels
Manifest der Kommunistischen Partei
Grundsätze des Kommunismus

Nachwort von Iring Fetscher. 96 S. UB 8323

Die Peinliche Gerichtsordnung Kaiser Karls V. von 1532 (Carolina)

Herausgegeben und erläutert von Gustav Radbruch und Arthur Kaufmann. 160 S. UB 2990

Sachsenspiegel (Landrecht und Lehnrecht)

Herausgegeben von Friedrich Ebel. 267 S. UB 3355

Die Verfassung des Deutschen Reichs
Vom 11. August 1919
(Die Weimarer Reichsverfassung)

Herausgegeben von Hermann Mosler. 80 S. UB 6051

Philipp Reclam jun. Stuttgart